留学生の日本語は、未来の日本語

日本語の変化のダイナミズム

金澤裕之

ひつじ書房

まえがき

唐突な話だが、世界中で大きなブームとなっている回転ずしを初めとする「日本料理（和食）」の最大の特色は、野菜であれ肉であれ魚であれ、材料となる旬の素材の味を最大限に生かして、客に提供するところにあるのではないかと思う。ことばに関する研究において、筆者が目指している最大の目標は、それに倣うように、現在目の前にある旬の素材に対して、可能な限り余計な味付けを加えずに読者に提供したいということである。そしてここで言う〝旬の素材〟とは、今我々の前でまさに生まれたり変化したりしつつある、現代を映し出すことばなのである。

しかし、比較的長い年月、ことば（日本語）に関わる研究に携わってきた経験からすると、〝旬の素材〟を見つけ出すということは、決して容易な作業ではない。むろん、はやりの言い方や流行語といった一過性の強い表現を追おうとするなら話は別だが、それぞれの背景にことばの歴史や厚みのようなものを持ちつつ、長いスパンをもって徐々に進行し、ほとんど人々の意識に上らないうちに、いつの間にか変化したり新しく入ってきたりしているような言語表現の場合には、そうした対象はまさに「コロンブスの卵」のような存在で、一般の人々の意識の中に入ってきた頃には、既に安定した形で定着しつつある場合が多い。我々の心の中に、多分無意識のうちに入り込んできている「言語変化のタネ」を見つけ出す作業は、言語研究における新しい可能性を探るという点でとても楽しく喜び多いものであるが、その一方で、大変困難で苦しい作業でもある。

また、こうした「言語変化のタネ」は、いつ、どのような分野に現れてくるかも、全く予想がつかないものである。個々の素材がどのような形態や背景を持っているかは千差万別なので、仮にそれを見つけ出した場合でも、それに相応しい料理法をそれぞれ個別に考えなければならない。料理の世界で言えば、火を通すのか通さないのか、通すとすれば焼くのか煮るのか蒸すのか、下ごしらえや味付けやソースはどうするのか、また、盛り付けはどうするのかなど、作品を作り上げるまでの一つ一つの過程において、素材の個性を最大限に生かす工夫が必要となる。

そのような考え方から、この本の中で取り上げようとすることばに関するさまざまな素材に対しては、総てその生きの良さを第一に考え、個別の特徴を最大限に生かそうとする目的から、それぞれの現象について統一的な手法（＝料理法）を採用することはしていない。些か場当たり的な方法と言うこともできるが、調理人の腕や技を見せようとするのではなく、飽くまでも素材そのものの面白さや素晴らしさを、享受する皆さまに十分味わっていただきたいが故なのである。

しかし、料理を味わうほうの享受者の側に立ってみれば、一般には、単調で似たような味わいやソースの連続より、素材ごとに選ばれた調理法や味付けにより、バラエティに富んだ一皿一皿の味わいが楽しめる料理こそ、飽きずに楽しめる豊かな食事となるのではないだろうか。料理人の手際や味付けの至らなさについてはある程度目をつぶっていただくとして、〝旬の素材〟としての「変化する語法」や「新しい表現」のアラカルトを体験して、ことばを研究する楽しさを味わっていただけるとすれば、料理人の喜びはこれに勝るものはない。

目次

目　次

第一章　本書の基本的な考え方

一・一　言語変化の二種類

「ことばは変わる」とは、よく言われることである。ことばが常に少しずつ変化していることは、昔の日本語のことを考えてみるとよく分かる。一般に「古文」と呼ばれる平安時代のことばは、今の若者には英語より遠いものとして捉えられる場合が少なくない。しかし、時代が少し下った室町時代ころの話しことばで書かれた狂言は、現在でもほぼその当時の台本のままに上演されており、凡その内容は理解できる場合が多い。また、江戸から明治の時代にかけて庶民の娯楽の中心の一つであった落語や講談などは、登場する人物や描き出される文物・時代状況に古めかしさを感じるところも多いが、そこで語られることばそのものについては、さほど意識されることなく我々の耳の中に入ってきているのではないだろうか。

しかしその一方で、現在の普通の状況を考えてみると、中高年の人々にとっての若者たちのことばは、まるで宇宙人が喋っているようだなどと形容されることが少なくないし、逆に若者たちにとってのの中高年の人々のことばは、古めかしい、博物館かどこかに所蔵されたことばのように捉えられることもある。両者は、一応の話し相手として会話を行なうことはもちろん可能であるが、その間にある間隙や断絶は、予想以上に大きいものと言えるのかもしれない。

このように見てくると、変化することばとして捉えられるものの中に、大きく二種類のものがあることに気付かされる。会話そのものが理解できなかったり成り立たなくなったりするような根本的な部分としてのことばと、会話そのものは成立しているが、その内容や表現の点で互いの理解を超えて断絶しているような部分としてのことばである。言い換えれば、日本語の中での機能語的な部分と実質語的な部分と捉えることができそうで、更に一般的な表現を用いれば、広い意味での文法的な要素と語彙的な要素と分類することも可能であろう。

周知の通り、近現代の日本語は、和語・漢語・外来語・混種語などといった語種が豊富で、語彙の多様さや変化は本当に目まぐるしいと言えるが、そうした実質語的な面における変化の多様さに比べると、機能語的な面については、意外に時代的な変化は多くないように思われる。そうした機能語的な面での変化における二十世紀最大のテーマは、かの有名な「ラ抜きことば」であろうが、この「ラ抜きことば」の問題が、ここ何十年かにおいてほぼ変わらず第一位の座を占めているということ自体が、機能語的な部分での変化の意外な、種類の少なさを象徴するものと言えるのかもしれない。もっとも、井上史雄氏も『日本語ウォッチング』などで夙に指摘されている通り、こうした機能語的な面での変化は、時間的な長いスパンを必要とするものがほとんどなので、一般にはなかなか気付かれない中で、変化がじわりじわりとわずかずつ進んでいることもその理由と言えよう。

一・二　ことばの「ゆれ」と「変化のS字カーブ」

さて、今も述べた通り、機能語的な面での変化は一朝一夕に起こるものではない場合がほとんどであるが、とすると、その過程に必然的に起こる現象は、複数の形式による並存状態である。仮に、ある機能を担う表現に二つの言語形式が存在すると仮定すると、この両形式には、その先後は別として、少なからぬ緊張関係が存在することになる。一つの単純なモデルで考えてみよう。

下の図1は、ある文法的な意味や機能を担う表現が、時間的な推移とともにAという形式からBという形式に移行したと仮定して、その概念図を描いたものである。元々のⅠの時点ではAの形式で安定していたものが、Ⅶの時点ではBの形式に移り変わっている。その過程にあるⅡ～Ⅵの時点が、両者が緊張関係にある並存状態である。

このうち、Ⅱの時点とは、A形式で安定している中に、何らかの理由でBが侵入してきた（「萌《きざ》した」）局面である。この時点でのBに対する評価は、一般には「乱れ」或いは「誤用」とされことが多いのではないだろうか。それ以前から続く安定した状態に、訳のわからない「異物」が突然混入してきたからである。この「異物」は、あっという間に消えてしまう場合も少なくないだろうが、一定の期

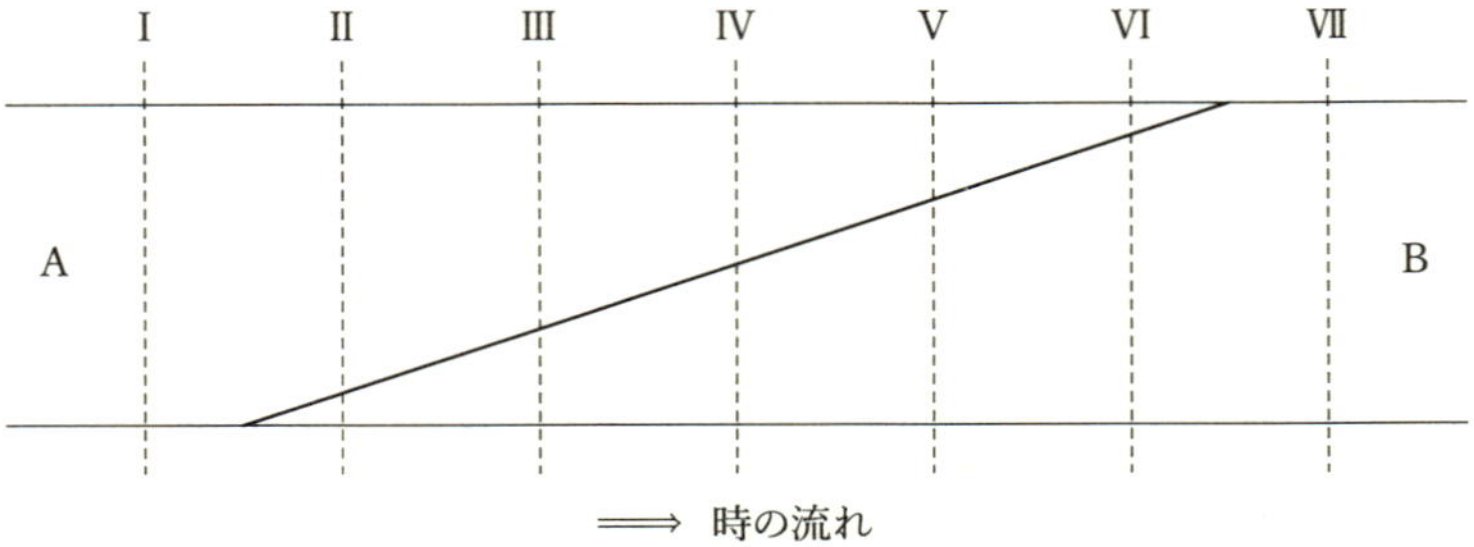

図１　言語変化の概念図

間や割合を超えると、Ⅲ以後の状態に移行することになる。

それに続くⅢ～Ⅴの時点は、両者が並存して「ゆれている」状態と言うことができる。Ⅳはちょうど拮抗している状況であろうが、場面場面によってどちらが優位に立つかはまさに揺れ動くのである。また、それから更に進んだⅥの時点は、Ｂへの流れがほぼ決定的になり、消えゆく形式としてＡが残存している状態である。Ａは、一般には古い形式として奇異の目で見られたり、あるいは、郷愁の想いとともに意識されたりすることが多いのではなかろうか。

言語変化の場合のみならず、社会情勢やファッションなどにおける現実の変化の場合にも、そのポイントとなる部分のメカニズムは次の図２に示すような「変化のＳ字カーブ」を描くことが多いとされる。その中で、カーブが急激な上昇に転換する、いわば臨界点とも言えるＸの地点を境とすると、これ以前の状態における新形式は「乱れ」とか「誤用」と評価されることが多く、Ｓ字を描くことなく、点線の矢印のようにそのまま消滅してしまう場合も少なくないが、一旦そこを乗り越えることができれば、二つの要素は並存しつつ「ゆれる」状態を続けてゆくものと考えられる。

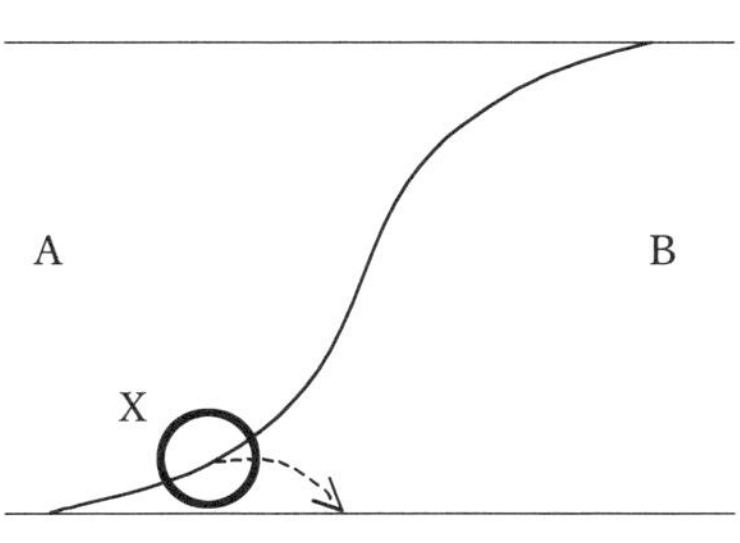

図２　変化のＳ字カーブ

一・三　母語話者における「誤用」

さて、これまで単純に、元々の安定した状態に対して、「誤用」としての新しい形式が侵入する状況を仮定してきたが、日本語なら日本語という一応安定した状態の中に、そうした「誤用」が簡単に侵入してくることは間々あるのだろうか。ことばを換えると、日本語の母語話者が、自身のものとしての日本語に、簡単に「誤用」を使用したり許容したりするようなことがあるのだろうかということである。しかし、社会の中での状況をつぶさに観察してみると、意外なことにそうした実例がないわけでもないのに気が付く。

話題にも上りやすい身近な例を挙げれば、広告やＣＭの中では、一般に誤用と考えられている言語表現の出現が目に付く。受け手や視聴者に対して、ことばでインパクトを与える手段として、敢えてルールに違反する表現や用法が使用される場合があるからである。こうした例の白眉としてよく取り上げられるのは、一九八〇年代前半に、糸井重里によってパルコ（西武セゾングループ）のＣＭに使われた『おいしい生活』で、それまで一般には食べ物を形容する場合にしか使われなかった「おいしい」という形容詞を具体的な実態の稀薄な「生活」という名詞と結びつけることにより、言語的な違和感を与えて注意を引きつけると同時に、当時の社会に溢れはじめた物や欲望のもたらす充溢感を一言で描き出すことばとして、この誤用的な表現が一世を風靡した。そして現在では、「おいしい話」「おいしいとこ（ろ）」など、多くの人々にとってごく普通の表現として使用される状況となっている。

また、戦後から現在に至るまで、ほぼ一貫して日本語の「乱れ」や「誤用」の代表として槍玉に上げられ続けてきた「ラ抜きことば」は、その用例が昭和初期の川端康成の小説や更には大正期の作品の中にも見られるようで、二十一世紀に入った現在の一般的な実態と考えられる「話しことば＝ラ抜き：書きことば＝ラ付き」の状況まで、およそ一世紀に亘って、日本語を母語とする人々の間で堂々と「誤用」が使われ続けてきたとも言えるのである。

こうした例からも分かる通り、意識的である場合もそうでない場合も含めて、母語話者自身がいわゆる「誤用」を使用したり許容したりするというケースは、さほど稀ではないことに気付く。また、そうした誤用的な表現や用法が、ある程度の地位を占めて、本来の表現や用法と肩を並べるような形で並存するような場合には、それら複数の形式による「ゆれている」状況こそが、通常の状態になっているとも考えられる。そして、こうした状況は往々にして、後の言語変化——中でも、新しい語や用法、更には語法の成立——と深く関わる場合が多いと思われるのである。

一・四　学習者における「誤用」

ここでもう一つ、「誤用」に関して異なった視点から考えてみることにしたい。それは、「誤用分析」という定着した学術用語も有している言語習得や言語教育の分野と関わるもので、日本語の場合で言えば、非母語話者に対する日本語教育の分野がそれに当たる。言語習得の分野で、ことばに関する誤用は、一般に「ミステイク（mistake）」と「エラー（error）」の二種類に分けられることが多い。「ミステイク」とはいわゆるうっかり言い間違いをする一過性の誤用であり、母語話者でも日常的にしばしば起こす間違いであると言える。それに対して「エラー」の方は、その事柄に関して一貫して間違いを起こす場合であり、外国語の学習者がよく考えた挙句に結局間違ってしまうといった場合に起こるものである。この「エラー」としての誤用について、言語習得の立場ではこのところ、学習者が試行錯誤を経ながら自ら対象言語のルールを作り上げてレベルを上げてゆこうとする場合に必然的に生じる、正確さへの一過程であると積極的に捉えられることが多い。そして、言語の運用としては確かに間違っているが、それを生み出した背景が理解できた時には、そういう表現も有り得たかと妙に納得できたりする場合も少なくないのである。

このあたりのことについて野田尚史氏は、「学習者の文法は理にかなったものである」と見出しをつけた、野田他著『日本語学習者の文法習得』の中の部分で的確に表現しているので、少し長くなるがその部分を引用してみる。

この章では、学習者独自の文法が生まれる原因を探るために、三つの事例を見てきた。過去丁寧形と、助詞の「に」と「で」と、無助詞である。これらの事例から分かるのは、学習者独自の文法は、決してでたらめに生まれたものではなく、必然性があって生まれた、理にかなったものだということである。

過去丁寧形についての学習者独自の文法は、不合理な文法規則を合理化しようとする、理にかなったものである。それは、同じような独自の文法が、日本語の方言や子供の言語に見られることからも分かる。

〔中略〕

無助詞についての学習者独自の文法は、ゆれがあって複雑である母語話者の文法規則を単純化していると言える。複雑な文法規則を習得しても、それほど大きな成果が得られない場合、その規則を習得せずに単純化するのは、合理的、効率的で、理にかなっている。

学習者独自の文法が理にかなっているということは、それを裏から見れば、学習者の「誤用」は、目標言語（今の場合は日本語）の弱い部分、つまり、不合理だったり、複雑だったりする部分を突いて現れると言うこともできる。ちょうど、地殻の弱い部分に火山の噴火口ができるように。

〔六〇―六一頁〕

野田氏によるこうした指摘は、示唆に富むところが多い。特に、学習者独自の文法はそれ自身基本的に、必然性があって生まれた合理的なものであるという点で、そうした独自の文法が「誤用」になるとすると、その場合は元となる日本語そのものに不合理なところがあるからだと指摘することになる。因みに、「ラ抜き」や「サ入れ」の例を考えてみると、可能や使役の意味を表わす「れる／られる」や「せる／させる」といったことば（助動詞）が、動詞の活用の種類（例えば、五段型とか一段型とか）によってどちらか一方が選択されなければならないという状況を「不合理」と考え、それに対して、活用の種類に関係なく「レル」や「サセ（テイタダク）」を単純に接続させることを「合理的」と考える捉え方と共通するものなのである。

一・五　まとめ

このように見てくると、日本語の学習者たちが犯すいわゆる「誤用」も、時には日本語自身の「ゆれ」や言語変化と関わりを持ち得る重要な要素として、注目する必要があるかもしれないと考えられる。本書では、現代日本語におけるさまざまな誤用や「ゆれ」の現象を具体的に検討してゆくことになるが、そこに見られる、時にはダイナミックとも言える動きの中には、結果的に、日本語学習者が習得過程の頭の中で、複数の表現の間を行きつ戻りつしながらゆれ動いているのと共通する状況が出現しているように感じられる場合が、いくつか実感できるのである。

第二章以下では、現代日本語の主に機能語的な部分におけるいくつかの「ゆれ」や誤用の現象に焦点を当て、それが長いスパンでの将来の言語変化につながってゆくかもしれない可能性について詳しく見てゆくことにしたい。先に掲げた「変化のS字カーブ」（図2）の図で言えば、多分、急激な上昇期の後の段階にまで至っている「ラ抜き」現象などと比べると、そのほとんどが臨界期とも言えるX地点の周辺に位置している状況で、このの ち実線のような経過を辿るか、或いは、点線のような経過を辿って消滅しまうか未知数の現象ばかりであるとも言える。しかし、現在に至るまで、常に長いスパンで変化を続けてきた日本語の歴史に鑑みても、五〇年後、一〇〇年後といった将来の日本語の姿につながる可能性のある〝芽〟を拾い上げて、そのこれからの動向に注目してゆこうとする試みも、一つの興味深い挑戦となり得るのではないだろうか。

引用・参考文献

井上史雄（一九九八）『日本語ウォッチング』岩波新書
野田尚史・迫田久美子・渋谷勝己・小林典子（二〇〇一）『日本語学習者の文法習得』大修館書店

第二章　「なく中止形」

　この章では、「なく中止形」について取り上げる。「なく中止形」というのは筆者による造語で、従来は「〜（せ）ず、…」という形が規範的であった動詞の否定の連用中止法において、助動詞の部分を「ず」から「ない」に置き換えた「〜（し）なく、…」という形式の連用中止法のことである。

　一では、この「なく中止形」が現代日本語の表現において、若者を中心として少しずつ広がりつつある様子を、まずは具体例を示して紹介する。そしてそれらの用例を観察してみたところ、全体に共通する特色があるらしいことが推測され、若者たちを対象とするアンケート方式の調査を実施した結果、その推測に妥当性があることがほぼ確認された。また、その十年後に、前回とほとんど同じ内容のアンケートによる調査を実施してみたところ、興味深い変化がもたらされており、それら二回の調査結果を詳しく検討することにより、こうした新しい（と考えられる）用法の広がりの様子や展開のメカニズムとでも呼ぶべきものが想定できることから、将来の見通しをも含めた言語変化の状況の一端を提示してみる。

　二では、この「なく中止形」が母語話者ばかりではなく、日本語の学習者たちの中でも既に使用されている形式であることを、具体例を挙げて紹介する。ただし、その使用実態に関しては学習者のレベルによって違いが見られ、中級レベルの場合には母語話者とは異質な使用例が見られる一方で、レベルの高い学習者の場合には、母語話者とかなり似通ったタイプの使われ方がなされていることが分かった。また、この点に関して、超上級学習者と母語話者を対象としたアンケート調査を行なってみたところ、その結果には両者に共通する傾向が窺われることから、高次レベルの学習者の場合には、日本語に関して母語話者の（自然な）感覚に通じるような「隠れた文法性判断能力」とも呼ぶべき無意識の意識が醸成されているらしいことを、具体的な形で説明する。

　また三では、「なく中止形」そのものの分析ではないが、日本語の歴史的な変化の中で、現在の「なく中止形」における状況と共通する点がある、十九世紀の江戸・東京語に起こった打消過去表現における「なんだ」から「なかった」への交替現象について、当時の資料を精査して確認する。そしてその結果、言語の内的な面での特徴において、「なく中止形」の場合と共通するような傾向が窺われることがほぼ明らかになった。こうした経過から、個々の時代を超越して言語変化というものの普遍性に通じるような特性が想定し得ることとなり、言語の通時的変化におけるダイナミズムという点で甚だ興味深い現象となっていることを指摘する。

一　「なく中止形」の現状と今後の展開

一・一　はじめに

動詞の否定の連用中止法は、一般には、「〜（せ）ず、…」の形が正しいとされ、助動詞「ない」を使った「〜（し）なく、…」の形（以下、「なく中止形」と略記）は、規範的でないと考えられてきた。例えば此島正年氏は『国語助動詞の研究』において、次のように述べている。

連用形「なく」の中止法は、形容詞にはあるが、助動詞にはない――「勉強する気がなく、遊んでばかりいる」とは言えるが、「勉強をしなく、遊んでばかりいる」とは言えない。中止法には「勉強をせず、遊んでばかりいる」と「ず」を用いるのである（ときに「なく」の中止法を文章に見るが、ぎごちない）。

〔第三章第二節「ない」の項、一六七頁〕

しかし、此島氏が括弧の中で述べているように、「なく中止形」は全く使用されないというわけではない（ただし此島氏自身は実例を提示していない）。以下、一部山内博之氏の協力を得て筆者が見つけた例を、書き手別（ほぼ時代順）に列挙してみよう(1)。

（1）この時遊撃手捕球後一瞬ためらっている間に二塁走者木村も一挙ホームを衝いたが、このとき本塁上には捕手はいなく木村の快走でこの回二点をあげて優位に立った。
（朝日新聞、一九五五年四月六日）

（2）あとは黙々、陰々滅々、気まずく落ちつかなく、なるべく相手と視線を合わせぬよう一気にメシを平らげ、…
（東海林さだお『ショージ君の「さあ!なにを食おうかな」』平凡社、一九七五年）

（3）最初は何の味もしなく、一体これからどうなるのだろう、と少し不安になるが、辛抱強く噛んでいるうちに少しずつバラバラになり、…
（同右『キャベツの丸かじり』朝日新聞社、一九八九年）

（4）正妻たちの立場も、皇太子の母以外は安定していなく、寵妃と入れ換えられることも珍しくはなかった。
（塩野七生『イタリア遺聞』新潮社、一九八二年）

（5）絶対主義的思考法をたたきこまれた者は、それがなくなって自由になっても、その自由を生かすことができなく、結局もう一つの絶対的なものにすがりつくしかない、…
（同右『サイレント・マイノリティ』新潮社、一九八五年）

（6）他人を強制し服従させる力や、治者が被治者に服従を強要する力は、権力の一面にすぎなく、それをする人は、権力者の一部にすぎない。（同右）

（7）キケロよ、あなた以上に祖国ローマを愛する者はいなく、あなた以上に祖国ローマの基盤である自由の守護者たるにふさわしい人はいない。

（同右『ローマ人の物語Ⅴ』新潮社、一九九六年）

（8）この定義でも、やはり二つの実体が係わっているが、それだけでは足りなく、その二つが、ここに出てくる「動作主」と「対象」というような、特定な関係になければならない。

（ウェスリー・M・ヤコブセン「他動性とプロトタイプ論」『日本語学の新展開』くろしお出版、一九八九年）

（9）くっつきの度合いが低い場合は、［B］［D］［E］のテストをパスできなく、［C］の省略のテストにおいて全体のノ格を省略しても文の充足度が落ちない。

（丁意祥「直接受身としての〈非分離性関係の受身〉」『大阪大学日本学報15』一九九六年）

（10）過去や過去完了の表現はなされていなく、過去のことでもない。

（学生のレポート。一九九六年）

（11）この言葉を理解できなく、習得し得ないということ。

（学生のレポート、（10）とは別人物。一九九六年）

（12）草稿等にはあっても、正式に書かれたものには認められなく、口頭における不注意によるものが殆どである。

（田中真理『ヴォイスに関する中間言語研究』―平成七年度科研費研究成果報告書、一九九六年）

(13) 平成六年一月と言えば、道内の日本語教育の実態もあまり知られていなく、地元では大学における留学生への教育が日本語教育の代名詞であった。

（中川かず子「北海道における日本語教育と地域のネットワーク」『日本語教育・異文化間コミュニケーション』凡人社、一九九六年）

(14) その目的も意識も多様であっても構わなく、むしろさまざまな創造的な考え方が持ち込まれて組織自体が活気づくものであるから、…

（同右）

(15) 「ネットワーク」の会員も、この先どのようになるかは予想もつかなく、不安な気持ちに陥ることもあるかもしれない。

（同右）

(16) 全国でも注目の選挙区だ。街頭には両候補らのポスターがはられ、選挙カーが駆け抜ける。〝新住民〟がほとんどいなく、支持政党の色分けもはっきりしている。

（朝日新聞、一九九六年一〇月一七日）

(17) しかし今石（一九九三）では、「聞いていること」だけを伝えるあいづちは存在しなく、「理解していること」を伝えるものとしている。

（学生の卒業論文。一九九七年）

以下では、これらの「なく中止形」に見られる特徴、及びこのような新しい中止法が出現する背景について、少しく考察を行なってみたい。

一・二　用例に見られる特色

ここでは、前節で挙げた十七の用例について、その特色を考えてみることにしたい。

この十七例の「なく中止形」は、その上接する動詞（句）の特徴から、次の六種類に分けることが出来る。

A　動詞「(〜) する」
（3）「味もしなく」、（17）「存在しなく」

B　動詞「いる」
（1）「捕手はいなく」、（7）「ローマを愛する者はいなく」
（16）「〝新住民〟がほとんどいなく」

C　動詞「できる」
（5）「生かすことができなく」、（9）「パスできなく」、（11）「理解できなく」

D　補助動詞「いる」（「〜ている」）
（4）「安定していなく」、（10）「なされていなく」、（13）「知られていなく」

E　動詞＋助動詞「られる」
　（12）「認められなく」

F　A〜E以外の動詞（句）
　（2）「落ちつかなく」、（6）「一面にすぎなく」、（8）「足りなく」
　（14）「構わなく」、（15）「予想もつかなく」

　さて、ここに示した動詞（句）については、その特徴として次の二つの点が指摘できるのではないかと思う。第一に、動詞（句）が状態的な意味を表わすケースが少なくないということ。そして第二には、Fに分類したもののうち、（6）「…にすぎない」、（14）「…ても構わない」は、対応する肯定形「＊…にすぎる」「＊…ても構う」を持たない、ということである。以下、この二点について少し具体的に検討してみたい。

　まず第一の点について言うと、B「いる」・C「できる」は典型的な状態述語であるし、D「〜ている」も「動作の継続」「結果状態」といった状態的な意味を表わす形式である。また、A「（〜）する」に分類した「味がする」「存在する」、及びFに分類したうちの（8）「足りる」も、基本形が現在の状態を表わし得るという状態述語的な側面を持っている。Eに分類した「認められる」も、この場合は「存在が感知される」くらいの意味で用いられており、やはり基本形が現在の状態を表わし得るという点で状態述語的である。更に、Fに分類したうちの（15）「予想がつく」も、全体として「この場で予想することができる」という状態的な意味を表わす表現になっていると考えることができる。(2)「落ちつく」のように、動詞自体は状態的な意味を表わすとは言えないものもあるが、相対的に見て、先行する動詞（句）が状態的な意味を表わす場合の方が「なく中止形」が出やすいということは言えそうである。状態的な意味を表わす述語の典型である形容詞の否定の連用中止形が「〜なく」(例：高くなく、美しくなく）であることからの類推で、「なく中止形」が出やすいという可能性も考えられよう(2)。

次に、第二の点について言えば、「＊…にすぎる」「＊…ても構う」という肯定形がないということとは、否定形「すぎない」「構わない」が状態的な意味を表す定型的な表現になっているということである。やはり、形容詞の否定形の連用中止形が「〜なく」となることからの類推で、「なく中止形」が出やすくなるということなのかもしれない。((2)「落ちつかない」も、全体として「精神状態が不安定である」という状態的な意味を表わすために、「なく中止形」が出やすくなるということが考えられる。）

一・三　大学生を対象としたアンケートの結果

前節では、先行する動詞(句)、あるいは「動詞＋ない」全体が状態的な意味を表す場合に「なく中止形」が出やすいということが言えそうだと述べたが、「なく中止形」の現時点（＝一九九六年）における使われ方（許容度）を知るために、アンケートを行なってみることにした。アンケートの対象としては、大量調査のしやすさ、及びこの種の用法が生まれている可能性として中高年層よりも若い世代の方が高いと考えられることを考慮して、大学生を選んだ。その実施の方法としては、まずはこうした用法が彼らに実際に使用されつつあるのかどうかということを知るのが第一と考え、既にある用例を利用した文脈を設定した上で、問題の部分をブランクとし、そこに彼らにとって自然な表現形式を記入してもらうという形式をとった。

アンケートは一九九六年十一月、岡山市内の三つの大学で実施した。対象となった学生は全体で六百三十四名（女子四百二十八名、男子二百六名）である。（調査の意図を探られないように、質問項目にはダミーの問題もある程度混ぜた。）なお、記入の仕方についてはこちらからは特に細かい注意は与えず、文脈から判断してブランクを埋めてもらうという方法をとったので、原因・理由の表現にしたものや意味の通らないもの、更には方言形での回答などがある程度の数（全体の約七・五％）見られたが、それらについては考察の対象から外した。（以下の表の中で、それぞれの「計」の数字が異なっているのは、そうした事情による。）

そこで提示した具体的な例を先に示すことにしよう。

（a）最初は何の味も（　　　　　）、少し不安になったが、次第に本来の味が出てきた。
（b）この地区には新しい住民はほとんど（　　　　　）、人々はみな家族同様の付き合いをしている。
（c）その言語は、構造を簡単に理解することができ（　　　　　）、習得も難しい。
（d）当時は運動の実態もあまり知られて（　　　　　）、協力する人は少なかった。
（e）懸命に頑張ったが、我々の抗議は認められ（　　　　　）、得点も入らなかった。
（f）新しい政府がどのような方針で対処するかは予想もつか（　　　　　）、不安な気持に陥ることも多い。
（g）コンニャクは包丁で切ら（　　　　　）、手でちぎった方が、味がよくしみます。

（a）～（f）は、前節でA～Fの六種類に分けた例の中から一つずつを選び、それを部分的にアレンジしたものであり、（g）はそれらと性格的に異なると考えられる例を、寺村秀夫『日本語のシンタクスと意味Ⅲ』（二一八頁）の例文を参考にして一つ加えたものである。

アンケートの結果は次の表1の通りである（括弧内は割合（％））(3)。

さて、今回注目している「なく中止形」に焦点を絞ってみると、その記入（使用）状況については、後の表2のような結果が導き出せることになる。

表1　「なく中止形」アンケートの結果

	(c) 〜ができ—	(e) 認められ—	(f) 予想もつか—	(g) 包丁で切ら—
ず	436 (85.0)	598 (96.0)	531 (87.9)	275 (44.1)
ずに	2 (0.4)	3 (0.5)	7 (1.2)	221 (35.5)
なく	**15 (2.9)**	**9 (1.4)**	**31 (5.1)**	—
なくて	13 (2.5)	13 (2.1)	20 (3.3)	—
ないし	47 (9.2)	—	15 (2.5)	—
ないで	—	—	—	127 (20.4)
計	513	623	604	623

	(b) 住民は—	(d) 知られて—
おらず	384 (64.1)	288 (55.7)
いず	46 (7.7)	13 (2.5)
いなく	**39 (6.5)**	**30 (5.8)**
いなくて	32 (5.3)	16 (3.1)
なく	95 (15.9)	132 (25.5)
なくて	3 (0.5)	38 (7.4)
計	599	517

	(a) 何の味も—
せず	334 (57.4)
しなく	**15 (2.6)**
しなくて	33 (5.7)
なく	167 (28.7)
なくて	32 (5.5)
しないで	1 (0.2)
計	582

表２　「なく」中止形の記入（使用）状況（1996年）

	住民はい一（b）	＞	知られてい一（d）	＞	予想もつか一（f）	＞	〜ができ一（c）	＞	何の味もし一（a）	＞	認められ一（e）	＞	包丁で切ら一（g）
割合(%)	6.5		5.8		5.1		2.9		2.6		1.4		0.0
人数(人)	39		30		31		15		15		9		0

ここで一つ確認しておきたいのは、今回のアンケートはあくまでも空欄への記入方式であり、筆者が注目している「なく中止形」については何らの予備知識や先入観を与えたものではないということである。そうした状況の中で、一割未満とはいえ、一定数の学生たちが「なく中止形」を選んでいるということは、「はじめに」で挙げた（1）〜（17）のような例が決して単なる言い間違いではないことを示唆していると考えられる。「なく中止形」の許容度に関する本格的な意識調査はまだ行なっていないが、（a）〜（f）のような場合の「なく中止形」が（自然なものとして）許容できる範囲のものであるかどうかを尋ねたとしたら、それへのYESの答えの割合は、今回の数字をはるかに上回るものになるであろうことが予想され、実際にアンケートの後ある程度の日数を置いて、対象者のうちの七十二名について意識調査を行なったところ、例（d）の「なく中止形」（「知られていなく、…」）については、二十八名（三八・九％）の学生が特に不自然ではないと回答した。

また、今回のアンケートに補足的に加えた（g）「包丁で切ら（　）」の場合、六百名を超える回答者の中に、ただの一人も「なく中止形」を記入した者がいなかったことも注目される。言うまでもなく、（g）で利用した動詞「切る」は状態的な意味を表わさない動詞であるが、そうした動詞の場合には「なく中止形」は（現時点では）採り入れられていないことがアンケートの結果からはっきりしたと言える。この点についても、同じ七十二名について後に意識調査を行なったところ、次の（h）については全員が不自然だとしたが、（i）については、約四割の者が許容できると答えた（4）。

（h）山では雨が降らなく、雪が降った。（佐治一九八二の例文参照）

（i）雨音がするので外を見ると、雨はさほど強くは降っていなく、傘なしでも歩けそうだった。

アンケートで「なく中止形」が記入された割合において、（b）「いる」及び（d）「〜ている」の場合が上位を占めていることについては、（典型的な状態表現であることに加えて）「〜いなく／〜おらず」のように、「ない」「ず」のいずれが後続するかによって先行する動詞の形が異なるということも関係しているかもしれない。動詞「おる」は、現在では敬語や方言形としての場合を除いてあまり使用されることがなく、補助動詞としての「〜ておる」も、まだかなり使用されているとはいうものの、その勢力は徐々に弱まりつつあるように思われる。動詞の部分に新しい形である「いる」を採用した場合に、助動詞の部分もそれに応じるかたちで（古い「ず」ではなく）新しい「なく」を接続させる（その方が落ち着きがよい）ということも、一つの可能性として考えるべきではなかろうか（5）。また、（a）「何の味もしなく、…」についても、「〜しなく／〜せず」というように、「ない」「ず」のいずれが後続するかで未然形の形式が異なるということが関係している可能性はある。ただし、この点については、「勉強をする」のような状態性を持たない「する」について、「勉強をしなく、…」のような形がどれだけ許容されるかということを調査する必要があるだろう。

一・四　まとめ

寺村秀夫氏が『日本語の文法（下）』の中の並列接続に関する部分（三四頁）において、今回問題としたテーマと関わる重要な指摘をしているので、その部分を先に掲げてみることにしたい。

これまで並列接続のいろいろな形を見てきたが、その中では「～し」という連用形による接続と、「～して」という形によるそれとは一応同類として扱ってきた。しかしこの二つの形の間にもいくらかの違いがあるようである。それを考えるに先立って、動詞、形容詞、（名詞またはナ形容詞＋）ダのそれぞれについてこの両方の形を整理しておこう。そしてこのついでに、まだ特にとりあげていない否定の形も見ておこう。

	連用形 肯定	連用形 否定	テ形 肯定	テ形 否定
動詞	行キ	（行カナク） 行カズ	行ッテ	行カナクテ 行カズニ 行カナイデ
形容詞	アツク	アツクナク	アツクテ	アツクナクテ
―ダ	（雨ニ）	雨デナク	雨デ	雨デナクテ

「雨に」と「行かなく」をカッコに入れたのは、「なる」にかかる限られた連用法だけで、普通には並列接続には使われない（しかし形の体系の中ではここに位置づけられる）ためである。〔傍線は引用者〕

この寺村氏の指摘からも明らかなように、「〜なく、…」という形の動詞の否定の連用中止法は、並列接続の体系全体から考えると、合理的な説明がつく用法であることがわかる。「なる」にかかるという「限られた」ものではあっても、確かに用法自体は従来から存在していたのであり、こうした点から考えると、古い用例の出現についても、それなりに納得することができるのである。現時点では「なく中止形」の使用に関する歴史的な状況については十分な調査ができておらず、「なく中止形」が近年増加傾向にあるのかどうかもはっきりとはしない。ただし、此島氏や寺村氏のことばにある通り、この用法がこれまで規範的でなかったことは明らかであり、にもかかわらず、筆者が調べた限りでは、ここ十数年程の間に目に付くようになってきた現象については、大いに注目する必要があると考えられる。また、これまで度々、先行する動詞句、あるいは「動詞＋ない」全体が状態的な意味を表す場合に「なく中止形」が現われやすいらしいということを指摘したが、このことが今後の調査などによって確かめられるとするなら、形容詞により近い（すなわち状態的な意味を表わす）動詞から従来のルールが崩れ始めている（すなわち将来「ず」が消滅し「ない」に一本化される可能性がある）ということになり、否定形式の歴史的変化という観点からも非常に興味深い現象となる。

寺村氏の言及にもあるように、テ形と連用形の関係については微妙であり、連用（中止）形をテ形の「て」の部分が落ちたものと考える見方（寺村氏の表に倣えば、ヨコの系列の変化）も可能であろうが、（成立の過程としては）もし仮にそうであったとしても、結果的に成立した連用形がその形で落ち着き得るものだとしたら、その背景にはやはり連用形そのものが本来持つ中止法としての働き（表のタテの系列）の存在を考えなければならないのではなかろうか。

今後の状況については予断を許さないが、筆者としては「～（し）なく、…」という形の連用中止法が今後次第に容認されてゆくのではないかという期待も抱きつつ、推移を注意深く見守ってゆきたい。

一・五 十年後（二〇〇五年）の状況

さて、これまで述べた一九九六年（前回）における状況が、約十年後にどのような変化を見せるかを調べるために、二〇〇五年秋、前回とほとんど同様のアンケート調査を実施してみた。調査票と調査方法は前回と全く同じものを用い、調査対象も、場所は横浜及び東京ということで異なるが、前回に近い人数（九割強）に当たる合計五百八十名（女子三百十六名、男子二百六十四名）の三大学に所属する学生たちである。

前に掲げた表2に倣って、今回の「なく中止形」の記入（使用）状況についての結果を示すと、次の表3の通りである。また、間に約十年の間隔を置いた二回の調査結果の推移をグラフの形で示すと、図1のようになる。

図1を見て、特に興味深いと思われるのは、次の二点である。

（i）今回割合が減少した（f）の場合を除き、前回から今回の変化には、数値の高いものほどより変化（増加）の度合が大きいという関係が見られること。

（ii）（g）の「包丁で切ら―」の場合は、依然として、六百名近い回答者の中に一人も「なく中止形」を記入する者がいなかったこと。

表３　「なく」中止形の記入（使用）状況（2005 年）

	住民はい―（b）	>	知られていー（d）	>	何の味もしー（a）	>	～ができー（c）	>	予想もつかー（f）	>	認められー（e）	>	包丁で切らー（g）
割合（%）	20.4		12.3		5.8		4.5		4.3		2.3		0.0
人数（人）	103		63		30		23		22		13		0

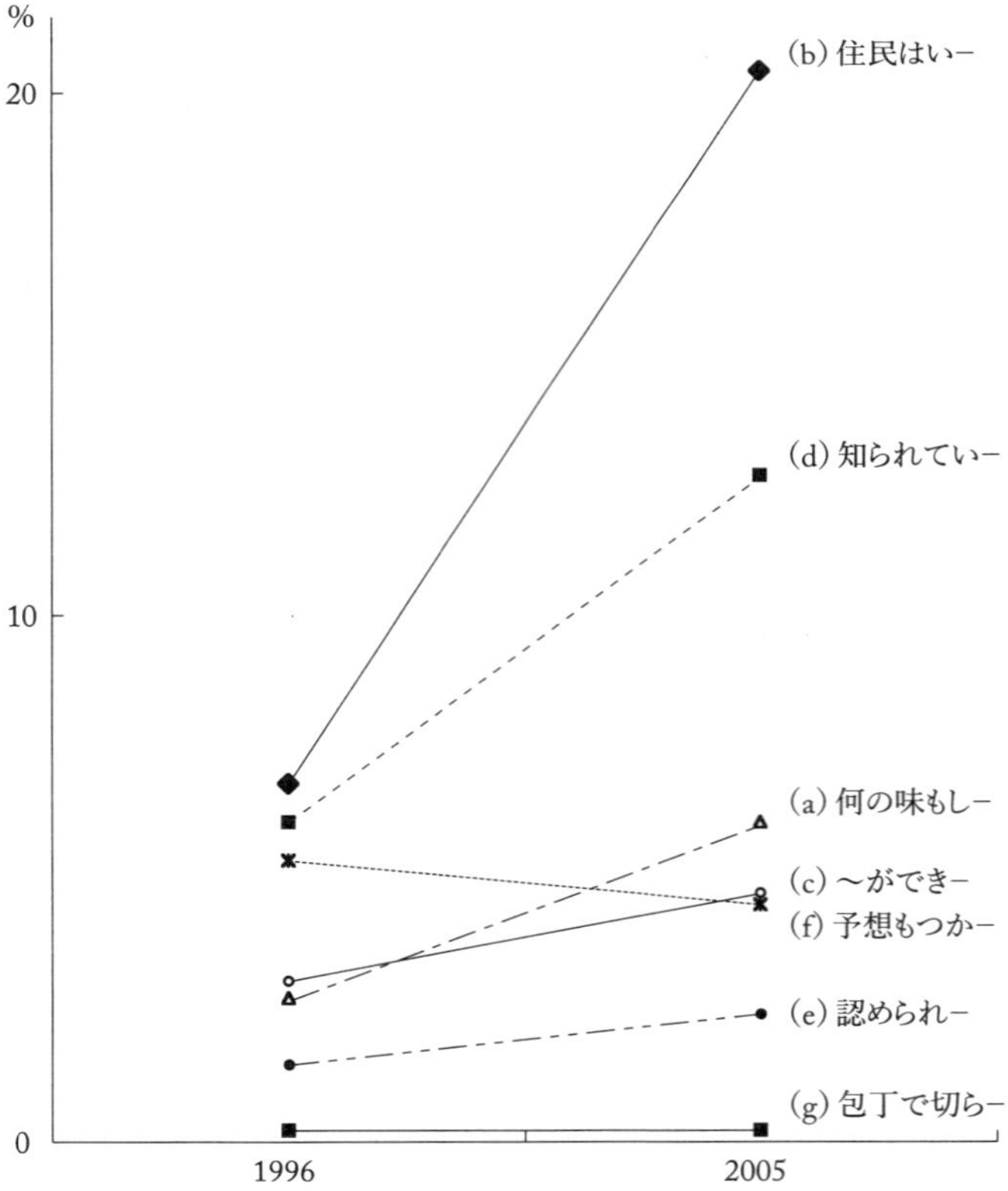

図１　２回の調査結果（1996・2005）の推移

言語変化のあり方として考えると、先行するもの（例えば（b））は、より変化が進む方向に動いてゆくのに対して、後方に位置するもの（例えば（g））はなかなか変化を受け容れない、というパターンだと言える。

将来の予測については難しいところもあるが、通時的な流れとして、最終的には「なく中止形」の方向に変化が進んでゆく可能性があると考えると、最も変化を受け容れにくい状況としての（g）のような場合に変化の兆しが見られるかどうかが、全体的な変化が進むか否かの鍵となるように思われる(6)。

二　超上級学習者の隠れた文法性判断能力

二・一　はじめに

外国語を学んでいる時、例えば用法の紛らわしい二つの形式の使い分けについて、未だ習ったことのない文脈において、何となく正しい形式を選択できることがある。自分でもなぜその形式の方が適切なのかは説明することができないが、なんとなく「判った！」と感じられるのである。

日本語を母語としない、いわゆる外国人の、文法項目を研究対象にしている学生と、例えばある文の文法性（「非文」かどうか）の判断について話し合ってみると、彼ら自身、「ある程度ネイティヴと同じように判断することができると思う」という意見を聞くことがある。もっとも、(多分彼らの「謙虚さ」によるものであろうが）公の場や学術論文などにおいてそう表明する学生はめったに見られず、ほとんどの場合、日本人自身の使用例や日本人が判断した結果に基づいて、彼らの論は進められている。

母語の使用者が、長い年月の経験の中から自然な形で身に付ける文法性判断能力を、その言語を第二言語として比較的短時間に習得した学習者が身に付けることは、果たして可能なのであろうか。ここでは、母語の使用者自身にもある程度の「ゆれ」が見られ、比較的最近の言語現象である「なく中止形」を試験紙として、非母語話者の持つ文法性判断能力の一側面について検証してみたいと思う。

二・二　日本語学習者の場合の使用状況

さて、この節では日本語学習者による「なく中止形」の使用状況を確認してみる。なお、連用形中止法というのは書きことばにおいて使用されることが多く、また資料的にも有利な面があるので、以下で検討の対象とするのは全て書きことばの場合であることを前もって断っておく。

（1）中・上級学習者の場合

まず、中・上級学習者の場合を見てみよう。なお、中級、上級などのレベルの判定には微妙で難しい問題も多いが、ここでは、西口（一九九〇）にまとめた形で示されたACTFL（The American Council on the Teaching of Foreign Languages）の外国語能力基準（Language Proficiency Guidelines）の「ライティング」の項目を参考にして、対象には国立大学（北海道大学、岡山大学）に派遣された日本語日本文化研修留学生（日研生）を中心に選んだ(7)。今回具体的に調査の対象としたのは、北海道大学の留学生八十七名（一九八六〜九二）と岡山大学の留学生十三名（一九九七〜九八）の計百名による、合わせて二百七十九の作文である(8)。

次に示す表4は、中・上級学習者の作文における、動詞の否定の連用形中止法の全用例数である。また、今回注目している「なく中止形」（動詞＋「ない」）の十例については、その全ての例を以下に掲げる。

① いつもプライバシーを口実にして、報道をさせなく、報道の自由を侵すと、専制になる。

（J・X、香港——①〜⑦は同一人物の同一作文）

② いつも記者に囲まれて、個人のプライバシーが守れなく、普通の人のような生活は出来なかった。

③ こういう時になると、報道の自由であるとは言えなく、報道の強要であると言うはずだろう。

表４ 中・上級学習者の場合（用例数）

動詞＋「ず」	動詞＋「ない」（「なく中止形」）
35	10

④ プライバシーというものが日本ではまだ解明されていなく、日本の裁判及び裁判官でも、まだ認識が薄い。

⑤ 人権侵害というものは法的な保護が出来ていなく、欧米並の大きな保障が得られない。

⑥⑦ 報道の自由というのは、報道者があることを報道する時、外から何の圧力も受けなく、他の人に左右されなく、自分の気持ちで肩が凝らなくて報道するという意味だ。

⑧ 私達もぐずぐずするわけにはいかなく、おじいさんの張り切った足跡を付けていかなければならなくなる。（X・C、香港）

⑨ 機械はどれも騒音防止フードに被されていなく、工場内の金属のやすり掛けの渦巻きの中で、職員は勤務していた。（H・B、ドイツ）

⑩ くじのため大した設備や職員のトレーニングなどがいらなく、利益も悪くないということである。（S・M、ロシア）

更に、「なく中止形」を使用している四名について、中止法における「ず」と「ない」の使い分けの状況を調べると、次の表5のようになる。

表５「ず」と「ない」の使い分けの状況（中・上級学習者）

	「ず」	「ない」	備考
(1) J・X（香港）	1	7	
(2) X・C（香港）	4	1	「〜にもかかわらず、…」３例 「〜を問わず、…」１例
(3) H・B（ドイツ）	1	1	「〜にとどまらず、…」１例
(4) S・M（ロシア）	0	1	

まず使い分けの点から見ると、（２）と（３）の学生の場合は、「ず」を使用しているのがいずれも慣用的な表現であり、また（４）の学生の場合は「ず」の例が見られないので、これら三人については、（「ず」と「ない」の）使い分けの意識や基準のようなものがあるかは不明である。また（１）の学生の場合は、来日初期のある作文においては「〜を使わず、…」という規範的な形を（一例）使っているのに対し、かなり期間をおいた後の長編の作文においては、あらゆるケースで一貫して「ない」を使用しており（例の①〜⑦）、これまた両者の使い分けの意識や基準があるかどうかについては、不明と言わざるを得ない。

次に、個々の用例を検討してみると、本章の一・二で説明したA〜Fの分類に照らして、④⑤⑨がDに、⑦がEに、⑧がFに、それぞれ対応すると考えられる[9]。それ以外の五例の中で、②③⑩の三例にはそれぞれある程度の状態的な性格があると見られ、個人差はあるかもしれないが、許容可能と考えられるものである。一方、①の「（報道を）させる」と⑥の「受ける」の場合は、状態的な意味を表わしているとは考えにくく、一般にはかなり許容しにくい例ではないかと思う。こうして用例を全体から見てみると、ネイティヴの意識と重なる例も多く見られるが、一部にはそれから外れると考えられるものも存在するといった状況である。

(2)　超上級学習者の場合

先にも述べたように「超上級」の認定も難しいが、今回の調査対象が書きことばである点から、かなりの量の文章を読んだり書いたりしている学習者が相応しいものと考え、また実際に調査対象とする資料が必要でもあることから、被調査者を「日本に関わる研究をしている外国人（日本語を母語としない人）で、日本語で修士論文を書いたことのある人」とし、その修士論文を調査対象とすることにした。筆者の勤務校や伝手を頼って調査できた留学生の修士論文は六大学院（国立五、公立一）所属の十五冊であった(10)。

十五冊の修士論文における、動詞の否定の連用形中止法の全用例数は、次の表6の通りである。個々の出現数には当然差があったが、論文という書物の性格によるものであろうか、調査した十五の論文の全てに、助動詞による否定の連用形中止法が見られた（最少二～最多二十一）。また、十五名の学生のうち、「ず」のみを使用している者が六名、「ず」と「ない」の両方を使用している者が九名であった。次に、「なく中止形」の十七例全てと、それを使用している九名の場合の使い分けの状況を示してみよう（表7）。

表６　超上級学習者の場合　（用例数）

動詞＋「ず」	動詞＋「ない」（「なく中止形」）
106	17

表７　「ず」と「ない」の使い分けの状況（超上級学習者）

	「ず」	「ない」
(1) C・J（台湾）	4	2
(2) H・W（中国）	5	1
(3) C・X（中国）	6	2
(4) L・H（中国）	6	5
(5) J・M（韓国）	7	2
(6) S・N（タイ）	9	1
(7) Y・S（中国）	8	1
(8) O・C（イタリア）	2	1
(9) C・W（韓国）	10	2

①　「動詞～ている、動詞～ている」のような形をとった例文は見つからなく、すべての例文は「動詞～て、動詞～ている」の形である。（C・J、台湾）

②　最後に、勉強が足りなく、言語学的知識のない愚鈍な私を指導して下さった…（同右）

③　このような表現は、調査資料に殆ど出てこないので、ここでは扱えなく、今後の課題としたい。（H・W、中国）

④　土竜山事件のような大規模な武装闘争が見られなく、抵抗方式は陳述、嘆願に止まった。（C・X、中国）

⑤　日本人移民と中国人の関係が「協和」に向けて発展している様子が見られなく、階級的差別と民族的差別が目立っていた。（同右）

⑥　（p.1）が成立しなく、（p.4）（p.5）が成立するのは、移動は単なる移動でないことを物語る。（L・H、中国）

⑦　A・Bのいずれも具体的な動作が前面に出てこなく、抽象的な行為である。（同右）
⑧　第二の解釈には、変化という側面が含まれていなく、「単なる状態」とでも言うべきだろう。（同右）
⑨　パーフェクトは、現代日本語では独立したカテゴリーとしては存在していなく、パーフェクト的な意味・機能は、…（同右）
⑩　中国語ではこのような区別はできなく、一律に〝了〟なのである。（同右）
⑪　（a）と（b）は、普通の会話ではほとんど見られなく、この形が使われるためには、特別な状況が必要となる。（J・M、韓国）
⑫　発話時点からみると、いずれは出来事が起こるという完成時点を設定することもできなく、昨日の夜帰ってくる可能性も全くないのである。（同右）
⑬　学習者は「ば」と「なら」の区別ができなく、「ば」の規則を過剰般化したと言える。（S・N、タイ）
⑭　したがって、群間には差が見られなく、提示の種類による大きな違いはないといえる。（Y・S、中国）
⑮　イタリア人学習者はシフトの機能全てを使いこなしていなく、学習者独特のシフトの行い方があると思われる。（O・C、イタリア）
⑯　出現する三三三語は全体三六〇一語に対して九・二四％にすぎなく、新聞と教科書という資料

の異質な面を表している。（C・W、韓国）

⑰　このような現象は「発行」だけに限らなく、幕末によく見られることである。（同右）

まず使い分けの点から見ると、ここで注目されるのは、「なく中止形」を使用している九名の学生が、いずれも同時に（同一論文内で）「ず」による中止形を使用していることで、しかも割合には個人差があるが、どの学生も「ず」の方を多く使用していることである。後にも触れるが、学生たち自身はどの学生も両者の使い分けについて意識していた者はおらず、従って彼らは論文作成の折、無意識のうちに両者を使用していたものと考えられる。こうした彼らの、言わば「隠れた意識」については、後で更に詳しく述べる。

一方、個々の用例について検討してみると、前にも挙げたA～Fの分類のうち、⑥がA、⑩⑫⑬がC、⑧⑨⑮がD、④⑤⑪⑭がE、②⑯⑰がFにそれぞれ対応すると考えられる。また、A～Fの分類に入らなかった三例（①の「見つかる」、③の「扱える」、⑦の「出てくる」）の場合も、それぞれに状態的な性格をある程度有していると見られ(11)、これも個人差はあろうが、許容可能と考えられるものである。こうして超上級学習者の用例を全体的に見ると、ネイティヴの場合と重なる例が多く、また、動詞（句）が状態的な意味を表わさないと考えられる例は見られないことから、ネイティヴの場合にかなり近い「隠れた意識」を持っている可能性が考えられる。

二・三　インタヴューとアンケート調査の結果

さて、前節に示したような使用実態の状況を踏まえ、筆者は、超上級学習者の文法性判断能力の一端を更に検証すべく、インタヴューとアンケート調査を行なってみることにした。調査の概要は次のようなものである。

（a）修士論文を調査できた修士課程修了者のうち、この時点で連絡が取れ、インタヴューが可能だった十名と実際に面談して、質問とアンケートに答えてもらう(12)。

（b）主な質問項目は次の通り。

・日本語の学習歴　　　・否定の連用形中止法について習った経験

・修士論文を書いた時の、ネイティヴ・チェックの有無

・(アンケートを行なった後の)「ず」と「ない」の使い分けに関する、自分なりのルール(13)

（c）アンケートは、ネイティヴ自身の用例などからアレンジした十二の「なく中止形」を使用した文について、それが本人にとって自然なものかどうかを尋ねる。

質問への結果について、まず日本語の学習歴は全員が八年以上で、また話をする様子などから見てもいずれも超上級の学習者と考えてよいと思われた。次に、否定の連用形中止法について習った経験

については、多くの者がかなり以前の（初級や中級の）段階で習ったような記憶はあるが、その後は特に習ったり意識したりすることはなかったとの答えだった。修士論文に対するネイティヴ・チェックについては、一名を除いて全員が受けたと答えたが、時間的な余裕がなかったり、チェックの中心が内容に関するものであったりした関係で、個々の表現については明らかな間違いを除くと指摘を受けたとする者はおらず、「なく中止形」について指摘されたことは全くなかったとのことであった。使い分けのルールについては、アンケート結果と併せて考える方がよいと思われるので、次にアンケートの内容とその結果について述べてみたい。

アンケートは、先に（c）でも述べたように、日本人による実際の用例を利用して作った六つと、それと比較対照するために用意した六つの「なく中止形」の例文を用意し(14)、それぞれの「なく中止形」の部分について、それが被調査者にとって自然なものか（○）、自然とは言えないが許容できる範囲のものか（△）、あるいは、許容できないものか（×）、を尋ねたものである。十二の例文を次に示そう。

（1）最初は何の味もしなく、少し不安になったが、次第に本来の味が出てきた。
（2）山では雨が降らなく、雪が降った。
（3）この地区には新しい住民はほとんどいなく、人々はみな家族同様の付き合いをする。
（4）当局はその方針を認めなく、金銭的な援助も行なわなかった。

(5) その言語は、構造を簡単に理解することができなく、習得も難しい。
(6) 当時は運動の実態もあまり知られていなく、協力する人は少なかった。
(7) 懸命に頑張ったが、我々の抗議は認められなく、得点も入らなかった。
(8) 新しい政府がどのような方針で対処するかは予想もつかなく、不安な気持に陥ることも多い。
(9) 雨音がするので外を見ると、雨はさほど強くは降っていなく、傘なしでも歩けそうだった。
(10) コンニャクは包丁で切らなく、手でちぎった方が、味がよくしみます。
(11) この形は、普通の会話ではほとんど見られなく、この形が使われるためには、特別な状況が必要となる。
(12) この文の場合は、具体的な意味が前面に出てこなく、あくまでも抽象的な表現にとどまっている。

そして、超上級学習者十名（〔A〕～〔J〕）の結果を示すと、次の表8の通りである。（なお、全体の傾向を見るために、○＝二点、△＝一点、×＝○点として、それぞれの平均を点数化してみた。また、ネイティヴの場合を比較対照するために、横浜国立大学の学生百十九名に同様のアンケートを行なった結果の平均の数値を、下段に示した。）

こうした調査の場合、許容度には個人差が大きいと考えられ、数値の数字そのものにはさほど大きな意味があるとは思えないが(15)、他方、数値の大小（個人個人がどの位まで許容できると考えてい

表８　「なく中止形」に関するアンケートの結果

個人平均	(12)	(11)	(10)	(9)	(8)	(7)	(6)	(5)	(4)	(3)	(2)	(1)	
0.5	△	△	×	△	×	△	△	×	×	△	×	×	〔A〕
1.3	○	○	×	○	×	○	○	○	×	○	×	○	〔B〕
1.3	○	×	×	○	○	△	○	△	○	○	×	○	〔C〕
1.9	○	○	○	○	○	○	○	○	○	○	△	○	〔D〕
1.3	△	○	×	○	○	△	○	○	×	○	×	○	〔E〕
1.3	○	○	×	○	△	○	○	○	△	△	×	△	〔F〕
1.0	○	○	×	○	△	×	○	×	×	○	×	△	〔G〕
1.5	△	○	×	△	○	○	○	○	○	○	△	△	〔H〕
1.0	×	△	×	△	△	×	○	○	△	○	△	△	〔I〕
0.6	△	△	×	×	△	△	×	△	△	△	×	×	〔J〕
(1.2)	1.4	1.5	0.2	1.5	1.2	1.2	1.7	1.4	0.9	1.7	0.3	1.2	超上級平均
(0.89)	1.03	1.15	0.13	1.18	1.03	0.61	1.40	1.03	0.35	1.35	0.51	0.95	ネイティヴ

るか）にはそれなりの意味があると思われるので、超上級学習者とネイティヴの場合の、例文別の許容度の大小（順位）を以下に示してみる。

〔超上級学習者〕

（10）＜（2）＜（4）＜（1）（7）（8）＜（5）（12）＜（9）（11）＜（3）（6）

〔ネイティヴ〕

（10）＜（4）＜（2）＜（7）＜（1）＜（5）（8）（12）＜（11）＜（9）＜（3）＜（6）

この結果を見ると、ネイティヴにおいてほぼ中間の位置で同様の値を示した（5）（8）（12）の場合を一塊とすると、その上側（許容度が低い方）に（10）（4）（2）（7）（1）があり、反対の下側（許容度の高い方）に（11）（9）（3）（6）が位置するという点で、全体としてはかなり似通った分布を示しているように思う。また、許容度の最も低いもの〔（10）〕と最も高いもの〔（6）〕も一致している。他方、両者において異なっている点としては、（4）の「認めなく」と（7）の「認められなく」の場合の数値の差が激しく、ネイティヴにおいて際立って許容度が低いことが挙げられ、そのために許容度の低い方で順位の入れ替わりが見られる。この点については、二つの例に共通して「認める」という動詞が使われていることから、この動詞の性格（状態性）の受け取り方に関して両者に違いがあり、そのことが結果に反映した可能性が考えられる。

個人個人で見ると、「なく中止形」をあまり許容しない〔A〕や〔J〕から、逆に「ず」をほとんど使用しない〔D〕まで、判断はさまざまだが、一人一人はそれなりに「隠れた意識」を持っているらしいことが回答からは感じられる。先に保留した、（アンケート調査後に尋ねた）使い分けのルールや意識については、全員が異口同音に「特に意識したことはない」と答え、○△×の選択については、これまた全員が、こうした点については全く教わったことがないので、何とはなしの語感や印象から判断したと回答した。

二・四　おわりに

これまで行なった調査やアンケートの結果については、筆者とは異なる解釈や考え方があり得るかもしれない。ただし、ここで再度繰り返すと、この〝「なく中止形」の許容〟という現象は、現在の日本人（ネイティヴ）自身にも全くと言っていい程に意識化されていないものである。しかしその一方で、今現実に（徐々にではあろうが）変化しつつある現象であり、だからこそ当然のことに、（ある種の傾向はあるとしても）一般的なルールのようなものはあり得ず、語感や印象といったもので判断しなければならない対象なのである。そうしたネイティヴ自身も「ゆれている」現象において、超上級学習者がネイティヴの場合と多分に共通する反応を見せているということは、彼らの文法性判断能力が、少なくともある部分においては、ネイティヴの場合にかなり近いものを持っていると考えてもよいのではないだろうか。

三　「なかった」新考

三・一　はじめに

言語変化のダイナミズムというものを考えた場合、類似した現象が、時の流れを隔てて異なった二つの時代に起こったとすると、それは甚だ興味深い事実であると言える。しかも、その一方が、現代という時点において実際に変化の過程の中にあるとすれば、過去の例についても、それをある程度〝追体験〟してゆくことが可能になるわけで、その興味は一層高まってゆくものと考えられる。例えば、現時点において、少なくとも話しことばのレベルでは、その変化の過程が終息期に近付きつつあると考えられる、いわゆる「ラ抜き」の現象も、既にさまざまなところで指摘されているように、可能動詞形の成立という観点から考えると、十八世紀前後から十九世紀にかけて五段型動詞に起こった現象が、二世紀ほどの時を隔てて、二十世紀前半から現代にかけて一段型動詞をも覆いつつある現象として捉えられるわけで、言語変化の通時的な流れをつぶさに観察することのできる、恰好の一例となっている。

以下では、今例に挙げた可能動詞形の成立の場合のような鮮やかな形とは言えないかもしれないが、これまでそうした観点からは全くといっていいほどに捉えられることのなかった、時代を隔てた二つの言語変化の現象について、その性格の類似性を検討しながら、通時的変化の実相を探ってみることにしたい。

三・二　「なく中止形」と「なかった」との関わり

本章でこれまで述べてきたように、現時点における「なく中止形」の実例とその言語的特徴については一・一と一・二に詳しいが、確認のためにその結論をまとめると次のようになる。

出現している用例を検討してみると、上接する動詞（句）の特徴から、次に示すような六種類の場合に分けることが出来る。

A　動詞「(〜)する」　「味もしなく」、「存在しなく」
B　動詞「いる」　「捕手はいなく」、「〝新住民〟がほとんどいなく」他
C　動詞「できる」　「生かすことができなく」、「理解できなく」他
D　補助動詞「いる」(「〜ている」)　「安定していなく」、「知られていなく」他
E　動詞＋助動詞「られる」　「認められなく」

F　A〜E以外　「落ちつかなく」、「一面にすぎなく」、「〜ても構わなく」他

そして、ここに挙げた動詞（句）については、（1）状態的な意味を表わす場合が多いこと、（2）Fに分類したもののうち、例えば「…にすぎない」「…ても構わない」というような、対応する肯定形を持たないで、状態的な意味を表わす定型的な表現になっているものがあること、の二点が著しい特徴として考えられ、こうした性格が、「なく中止形」を許容するかどうかという問題に深く関わっているらしいことが、アンケートの結果からも確かめられた。

そして、活用語の連用中止法のうち意味的に否定を表わす場合を全般的に考えてみると、その体系は現在のところ、次のように図示することができる。

動詞・補助動詞＋助動詞「ず」	補助形容詞「ない」	形容詞「ない」
雨が降らず、… 開いておらず、…	赤くなく、… 賛成で（は）なく…	雲がなく、…

こうした状況から考えると、（補助）動詞＋助動詞「ず」の部分に入る表現のうち、動詞や動詞句全体が、状態性が強いという、いわば形容詞・補助形容詞に近い性格を持ったもの、つまり、この図で言えば「上側」に位置するものから、（「ず」に替わって）「ない」が許容される形として侵入し始

めていることになり、将来「ず」の多くが「ない」に置き換えられて、助動詞そのものが「ない」に一本化される方向へ進んでゆく可能性が、一応考えられるようになってきたと言える。

こうした言語変化（の兆し）のポイントとしては、打消助動詞の古形である「ず」が、新形の「ない」に取り替えられてゆく過程において、形容詞的な性格を強く持った動詞（句）の場合から変化が始まっており、少なくとも今後の展開としては、元来形容詞である「ない」という形式が、打消助動詞の生起するあらゆる場面を覆い尽くす可能性を持ち始めたということが考えられる。

さて、日本語の歴史的な変化を振り返ってみた時、古形の助動詞が、本来は形容詞の一変化形である新しい形式に置き換えられてゆくという点で、現在の「なく中止形」における状況と共通する点があると考えられるのが、十九世紀の江戸・東京語に起こった、打消過去表現における「なんだ」から「なかった」への交替現象である。以下では、「なんだ」から「なかった」への交替現象――見方を変えれば、助動詞「なかった」の成立――について、これまで述べてきたような観点から、改めて考察を進めてみることにしたい。

三・三　「なかった」の成立に関するこれまでの研究

江戸・東京語における打消過去の助動詞「なかった」の成立に関しては、中村通夫氏による有名な『なんだ』と『なかった』をはじめとして、言及している論文は数多い。それらの全部に当たることは難しいが、ここでその主なものについて、それぞれの要点を押えながら確認し直してみることにする。今回対象としたのは、発行順に、次の七つの論文である。

A　吉田澄夫「江戸語に関する一疑問」（一九三四）（『近世語と近世文学』〈東洋館出版社、一九五二〉所収）

B　中村通夫「『なんだ』と『なかった』」（一九三七）（『東京語の性格』〈川田書房、一九四八〉所収）

C　『日本語の歴史6　新しい国語への歩み』（平凡社、一九六五）

D　坂梨隆三「江戸時代の打消表現について」（『岡山大学法文学部学術紀要』第三三号、一九七三）

E　原口裕「近世後期語（江戸）」（『講座日本語学3　現代文法との史的対照』〈明治書院、一九八一〉所収）

F　金田弘「『なかった』考」（『国語と国文学』第六二巻第五号、一九八五）

G　真田信治「末期江戸語における方言的背景」（同右、第六五巻第一一号、一九八八）

ここでは便宜的に、個々の意見は相互に矛盾する場合もあるが、Ⅰ　通時的側面、Ⅱ　位相的側面、Ⅲ　文法的側面、という三つの観点からまとめてみることにする。

Ⅰ　通時的側面

①　天保（一八三〇〜四四）前後から明治初期に至る五・六十年の間に、ナンダ・ナカッタ両勢力の交替が行なわれた〔B〕

②　明治二十（一八八七）年前後には、大体ナカッタ専用になっていたと見られる〔B〕

Ⅱ　位相的側面

①　当初は旗本・御家人など比較的上層の階級に用いられ、東京語になると広く用いられている〔B〕

②　幕末期下層町人の間での広い使用が推測される〔E〕

③　江戸において、活用形を整えつつあったナイ系使用者の間で使われ始めた〔F〕

④　「ナイ-ナカッタ」の体系は、周辺方言において発生し、その体系をもった人々の流入により、江戸では下層民から上層の人々へと浸透していった〔G〕

Ⅲ　文法的側面

①　（助動詞が）形容詞の活用に歩調を合わせた〔B〕

②　打消表現の「均整のとれた体系への欲求」の結果生じた〔C〕

③　活用形の（体系の）完備により、加速度的に広まった〔D〕

これらの三つの側面のうち、Ⅰについてはあまり問題はないと言える。年代的により古い用例が見つかれば、成立年代がその分だけ遡ることはあろうが、通時的な流れとしては大きく変わることはないだろう。

また、IIの問題については色々と見方が分かれているが、筆者の見たところでは、重要なものとして考える資料がそれぞれの研究者によって異なっており、一つ一つの資料の立場に立てばそれなりの傾向を主張することは可能だが、全体を総合的に考えた上で結論を下すことは、現時点では難しいように思われる。

さて、筆者が今回注目したいのは、IIIの側面についてである。ただし、IIIに挙げた三つの見解は、結果的にはほぼ同一の事象を指し示しているものだと言える。この点について、引用が少し長くなるが、分かりやすい形で説明を加えているCの中から一部、引いてみることにしよう。

そもそも、否定の過去形「なかった」は、注目すべき歴史をもっている。これについては、中村通夫がゆきとどいた考証を発表しているのであるが、少なくとも文献のうえでたどるかぎり、「なかった」の用例は、江戸時代きわめてまれなのである。つまり、過去をあらわす場合には、上方とかかわりのない「なんだ」を用いるのが、いまだ江戸の一般なのであった。「なかった」が急速に伸張してくるのは、明治になってのことである。これは一言でいえば、均整のとれた体系への欲求が、「なかった」をこのんだ結果である。比例式の形による説明を便宜用いるならば、

ない：（行か—）ない＝なかった：x

xに対して期待される答えは、当然「(行か) なんだ」ではなく、「(行か) なかった」であるわけだ。そして、現在形の「ない」も、また「ぬ (ん)」よりも、均整の見地からは、すぐれている。なぜなら、「ない」は、「聞かない」「見ない」と、動詞に接合するばかりでなく、「よくない」「美しくない」のように、形容詞へもつきうる。〔中略〕いいかえれば、東京語の否定表現の体系は、それ自体として、合理的なのである。

〔同書、五五-五六頁〕

引用したうちの、後半の部分については、既に前節において詳しく見てきたところと共通する。そこで問題となるのは、引用に従えば「xに対して期待される答え」であるところの「なかった」が、具体的にどのような場合から旧形「なんだ」との交替を見せ、最終的に均整のとれた体系への移行が完成しているか、という点である。

以下では、位相的な問題はひとまず措き、具体例の詳細な検討から、「なんだ」から「なかった」への交替における言語内的な状況を描き出してみることにしたい。

三・四 異なった観点からの分析

「なかった」の成立に関するこれまでの研究において、具体的な資料として主に利用されてきたのは、江戸後〜末期の人情本や勝小吉による『夢酔独言』、及び、江戸末〜明治初期の仮名垣魯文による滑稽本類である。しかし、次の表9に示す通り、『夢酔独言』も魯文の滑稽本類も、使用の実態という点ではかなり「なかった」に傾いている様子が見てとれ、これらは萌芽期における「なかった」の具体的な状況を示す例としては、必ずしも理想的なものではないように思われる。こうした状況から以下では、初出に関わる問題は別として、個々の例や全体的な傾向についてはこれまであまり検討されることのなかった人情本に焦点を当て、詳しく調べてみることにしたい。また、先にも述べたように、ここでは位相の問題はひとまず措いて、ことばの内的な状況について絞って考えてみることにしたいので、人情本はその点では好都合であると言えるが、話に登場する使用者は江戸者に限定することにする。

調査対象とした資料は、次に示す通りである。

・人情本刊行会編『人情本叢書』（全二十六巻）（一九一五～一七）
〔調査した作品は、六十一作品〕

・近代日本文学大系第二十一巻『人情本代表作集』（国民図書、一九二六）
〔調査した作品は、六作品〕

・帝国文庫第十九篇『人情本傑作集』（博文館、一九二八）
〔調査した作品は、十二作品〕

・岩波文庫『梅暦（上・下）』（岩波書店、一九五一）

表９　作品別の「ナンダ」「ナカッタ」出現状況

作　品	ナンダ	ナカッタ
夢酔独言（天保 14〈1843〉）	7	17
魯文の滑稽本類		
滑稽富士詣（万延 1 〜文久 1〈1860−61〉）	3	13
西洋道中膝栗毛（明治 3〈1870〉）	2	10
安愚楽鍋（明治 4〈1871〉）	1	5
胡瓜遣（明治 5〈1872〉）	1	1

〈調査した作品は、五作品〉

・日本古典文学全集四七より『春告鳥』（小学館、一九七一）

なお、調査した資料には重複している作品も多く、用例の確認のために検討は加えたが、結果的に調査対象となった作品の数は、全体で七十作品余りである。そして、こうした調査の結果、作品の中に打消過去の助動詞としての「なかった」の用例が見られたのは二十作品（全体の三割弱）で、そのうちの十九作品においては、同一作品の中に「なんだ」「なかった」の両形が見られた。まず先に、それら二十作品について、作品名、作者、成立年代、及び、「なんだ」と「なかった」の用例数を、一覧の形で示してみることにする。

	ナンダ：ナカッタ
（1）『藪の鶯』（業亭行成、文政一〇〈一八二七〉）	2：1
（2）『仮名文章《まじり》娘節用』（曲山人、天保二～五〈一八三一―三四〉）	7：2
（3）『春色梅児誉美』（為永春水、天保三～四〈一八三二―三三〉）	11：1
（4）『春色辰巳園』（同右、天保四～六〈一八三三―三五〉）	7：1
（5）『春色恵の花』（同右、天保七〈一八三六〉）	1：2
（6）『處女七種《むすめななくさ》』（同右、天保七～一一〈一八三六―四〇〉）	11：5
（7）『春告鳥』（同右、天保八〈一八三七〉）	2：4
（8）『娘太平記操早引』（曲山人・松亭金水、天保八～一〇〈一八三七～三九〉）	7：1
（9）『春色英対暖語』（為永春水、天保九〈一八三八〉）	9：1
（10）『春色籬の梅』（同右、天保九～一一〈一八三八～四〇〉）	11：2
（11）『一刻千金梅の春』（同右、天保九～一二〈一八三八―四一〉）	4：1
（12）『閑情末摘花』（松亭金水、天保一〇～一二〈一八三九―四一〉）	7：1
（13）『花筐』（同右、天保一二〈一八四一〉）	8：1
（14）『春色梅美婦禰』（為永春水、天保一二～一三〈一八四一―四二〉）	4：2
（15）『花鳥風月』（竹葉舎金瓶・梅亭金鵞、天保一二～弘化一〈一八四一―四四〉頃）	5：1
（16）『湊の月』（松亭金水、弘化年間〈一八四四―四七〉）	3：1

（17）『春色連理の梅』（②梅暮里谷峨、嘉永五～安政五〈一八五二―五八〉）　4：6
（18）『春色玉襷』（春の屋幾久の知人某、安政三～四〈一八五六―五七〉）　1：1
（19）『春色恋廼染《そめ》分解《わけ》』（山々亭有人、万延一～慶応一〈一八六〇―六五〉）　5：4
〈（20）『春色江戸紫』（同右、元治一〈一八六四〉）〉　〈0：3〉
計（（20）は除く）　109：38

表10　性別による「ナンダ」「ナカッタ」の出現状況

	ナンダ	ナカッタ	計
男	44（75.9）	14（24.1）	58（100.0）
女	65（73.0）	24（27.0）	89（100.0）

なお、同一作品の中に「なんだ」と「なかった」が出現する十九作品の一四七例のうち、位相的な面から両者の使い分けに影響を及ぼしている可能性がある、話者の男女差については、上の表10に示す通りで、この結果から見る限りでは、話者の性別と「なんだ」と「なかった」の使い分けとには、ほとんど相関関係が見られないものと考えられる。

更に、ここで一つ先に述べておくと、（1）の『藪の鶯』の用例（次に示す①）は、これまでの研究において初出と考えられてきた（2）の『仮名文章娘節用』の例を、わずか五年ほどではあるが、遡ることが出来るものである(16)。

次に、人情本に現れた四十一（三十八＋（20）の三）の「なかった」の例を、全て具体的に掲げてみることにしよう。

①　何も此様《こんな》に息急《せ》い張《ば》つて、聞いて見るには及ばなかつた（『藪の鶯』）
②　ほんにアノ坊が帰つて、私が居なかつたら、またおとつさんを…（『仮名文章―』）
③　四五日おれが来なかつたから、煩《うるさ》くなくつて好かつたらう（同右）
④　ヲヤ由さん、おまへも…、何処にお出《いで》だかさつぱり知らなかつたヨ（『梅児誉美』）
⑤　みがゝねへじやアならなかつたそうだから、…（『辰巳園』）
⑥　あれはほんに思ひもつかなかつた（『恵の花』）
⑦　今朝は一度もおまへに合《あは》なかつたネへ（同右）
⑧　おや〳〵松さんかえ。少許《ちつと》も知らなかつたわ（『處女七種』）
⑨　最初《しよて》に私《わちき》やア箕さんに少許も惚れやアしなかつたわ（同右）
⑩　お医者さまが、不残《のこらず》断つてお薬を呉れなかつたのに、…（同右）
⑪　もう私は目も当てられない様に、哀れで堪《こら》へられなかつたわ（同右）
⑫　いや之はしたり、未だ皆さまに御挨拶も致さなかつた（同右）
⑬　私きやア其意味《そこ》にやアさツぱり気が付なかつたヨ（『春告鳥』）
⑭　なんぼ才物なおまへでも当《あたら》なかつたネ（同右）
⑮　何時の間に帰ツて来たのだへ。障子の音もしなかつたのにヨ（同右）
⑯　それでもよくお前さんの方へ化て出なかつたネエ（同右）
⑰　ア、一個《ひとり》で寂しくつてならなかつたわ（『娘太平記―』）

⑱お前達が誰か一人居ておくれだと、取られはしなかつたらふねエ（『英対暖語』）
⑲アハ…左様《さう》かそれは少しも知らなかつた（『籬の梅』）
⑳誰も私に咄して聞せなひから少しも知らなかつたのでありますヨ（同右）
㉑私《わちき》も久しく実家《うち》に居なかつたものだから、…（『梅の春』）
㉒夫《そ》れにしちやア昼来た時、お見えなさらなかつた（『閑情末摘花』）
㉓昨夜は見えなかつたけれど、例《いつ》でもお鶴さんの家へ、…（『花筐』）
㉔私やアモウ淋しくつて、お前が恋しくてならなかつたは（『梅美婦禰』）
㉕ヲヤ〳〵米八さん、寔《まこと》に久しくお目にかゝらなかつたネエ（同右）
㉖お前に…持ち運びをさせちやア、貞さんの前へ済まなかつた（『花鳥風月』）
㉗あゝ折角来たのに、いけなかつたねえ（『湊の月』）
㉘ウン、手前聞かなかつたか（『連理の梅』）
㉙帰るまで隠れて出て来《こ》なかつたから、可異《をか》しいと思つたわ（同右）
㉚お前が加はつて来なさるとは、夢にも私やア知らなかつた（同右）
㉛夫りやア私《わちき》やア知らなかつたが、…（同右）
㉜大取込み故、お住持さんにも役僧にも、逢はれなかつたに由つて、…（同右）
㉝松が立聞きをして居たのは、私も知らなかつたが、…（同右）
㉞ホンニ、お礼を申さなかつたが、御無用におしなら宜いに（『玉襷』）

㉟お筆さんなんざア、少し急腹で帰り兼ねやアしなかつたのさ（『恋廼染分解』）
㊱お蔭で暑さにも障《さは》らなかつた（同右）
㊲白川を越して来たから、ツイお寄り申さなかつた（同右）
㊳吾儕《わたし》の言ひ度い事計り喋舌つて居て、お前の苦労も聞かなかつたが、…（同右）
㊴余り遊ばれるのも気が利かねえと、ツイお返事も為《し》なかつたが、…（『江戸紫』）
㊵誠に旦那が、居たり居なかつたりするので、…（同右）
㊶何程《なんぼ》私がお心好だと言つて、許嫁《いひなづけ》とは気が付かなかつたねえ（同右）

さて、ここに示した四十一例について、上接する動詞（句）の特徴を見てみると、用例の多い順に、次のようなものが挙げられる。

a　動詞「知る」（七例）　④⑧⑲⑳㉚㉛㉝
b　動詞「する」（五例）　⑨⑮⑱㉟㊴
c　対応する肯定形のない動詞句（四例）　①⑥㉖㉗
d　動詞「居る」（三例）　②㉑㊵
　　動詞「なる」（三例）　⑤⑰㉔
e　（補助）動詞「来る」（二例）　③㉙

助動詞「(ら)れる」(二例)　⑪㉜
動詞句「気が付く」(二例)　⑬㊶
動詞「聞く」(二例)　㉘㊳
(補助)動詞「申す」(二例)　㉞㊲
(他、一例のもの九例――動詞「合う」・「呉れる」・「致す」・「当たる」・「出る」・「見える」・「(お目に)かかる」・「障る」、補助動詞「なさる」)

このうち、動詞「する」・対応する肯定形のない動詞句・動詞「居る」・助動詞「(ら)れる」の四種類は、これまで見てきたように、「なく中止形」の場合と共通するものである(17)。またそれ以外でも、動詞「知る」は、「知っている」に対する否定形が(「*知っていない」ではなく)「知らない」という形式をとる、特殊な性格を持ったものであり、「知らない」全体が状態的な性格を強く持つものであると言えるし、動詞「なる」については、三つの例が全て、「〜て(は)ならない」という対応する肯定形を持たない、状態的な意味を表わす定型的な表現になっている。こうして見ると、少なくとも全体的な傾向としては、「なく中止形」の場合とかなり似通った特徴が見られるように思われる。

ただし、これはあくまで、「なんだ」の場合をも含めた打消過去表現の全体の数や様相を考慮したものではないので、更に、同じ作品の中で「なんだ」と「なかった」の両形が現われている十九作品の一四七例について、全体的な俯瞰の様子を、図の形で表わしてみることにする。

次の図2は、作品（年代順）と上接語句別に、「なんだ」と「なかった」の分布の状況を一覧の形で示した図である。上接語句としては、「なく中止形」の場合に特徴的だった「する」「居る」「対応する肯定形のない動詞句」「（ら）れる」の他、全体で五例以上あるものを取り上げた。また、「なかった」の例については、用例の（出現の）〝重さ〟とでも言うべきものを考慮し、それぞれの作品において、「なかった」が「なんだ」に対して劣勢であるか（全体の三分の一以下）、優勢であるか（全体の三分の二以上）、或いは、両者拮抗しているか（それ以外）によって、記号の形を変えて示した。

これらの結果から見ると、「なかった」の成立に関しては、次のようなことが言えるのではないかと思われる。

（ⅰ）動詞「居る」に下接する場合、及び、対応する肯定形を持たない表規の場合に、先行した可能性が強い。

（ⅱ）動詞「する」「知る」「なる」、及び、助動詞「（ら）れる」に下接する場合がそれに続く(18)。

（ⅲ）それ以外の場合は、「なかった」の導入は比較的遅れているようである。

そして、こうした事実を総合的に眺めてみると、「なく中止形」の場合と同様に、助動詞に先行する部分が状態的な意味を表わしていたり、対応する肯定形を持たない定型的な表現全体が状態的な意味を持っている場合から、「なかった」が採用され始めているという傾向は、大体明らかになったよ

（上接語句）	する	居る	肯定ナシ	—られる	知る	なる	気が付く	聞く	思う	—ます	その他
(1)文政 10			●				x		x		
(2)天保 2 〜	x	●			x		x		x		●xxx
(3)天保 3 〜	x				●xx		x			xxxxxx	x
(4)天保 4 〜						●x	xx		x	xx	x
(5)天保 7			○								○x
(6)天保 7 〜	●x			●x	●x	x			x	xxx	●●xxx
(7)天保 8	○						○x			x	○○
(8)天保 8 〜						●	xx			xx	xxx
(9)天保 9	●									xxxxxx	xxx
(10)天保 9 〜					●●x	xx	x	x		xxxxxx	
(11)天保 9 〜		●			x	x		x		x	
(12)天保 10 〜					x				x	xxxxx	●
(13)天保 12	x				xxx					xxx	●x
(14)天保 12 〜						●			x	x	●xx
(15)天保 12 〜			●		x				x	x	xx
(16)弘化			●		x					x	x
(17)嘉永 5 〜				◒	◒◒◒		x	◒		xxx	◒
(18)安政 3 〜					x						◒
(19)万延 1 〜	◒x						xx	◒x			◒◒x

x＝ナンダ　●＝ナカッタ（その作品の中で「ナカッタ」劣勢）
◒＝　〃　（　〃　両者拮抗）
○＝　〃　（　〃　「ナカッタ」優勢）

図２　作品の年代と上接語句による「ナンダ」「ナカッタ」の分布状況

うに思われるのである。

三・五　おわりに

前節の最後に、「(傾向は) 大体明らかになったように思われる」と記したが、図2の状況を見ただけでそのような結論を導き出してゆくことについては、首を傾げる方があるかもしれない。「たまたま資料に現れたところを拾いあげるという文献資料を用いた調査の限界」(19) がこんなところに現われているとも言える。しかし、「はじめに」でも述べたように、時代を隔てた一見無関係に見える複数の言語変化の中にも、ある種の共通点を見出し得ることは十分に考えられ、今回の場合で言えば、今まさに変化の兆しが見られつつある「なく中止形」の動向と対照させることにより、助動詞「なかった」が成立する時点の状況を、いわば〝現在〟のものとして捉え直すことも可能になるのではなかろうか。言語変化の普遍性といったものを示す鍵が存在している可能性は、さまざまな方面から追究されてしかるべきであろう。

些か風呂敷を広げすぎた感もあるが、タイトルに敢えて「新考」と付した所以である。

注

(1) 二〇〇八年現在、各種検索機能の発達により、「なく中止形」の用例は簡単かつ大量に見つけることが可能だが、今と比べると用例も少なく、また、目視による検索を行なっていた一九九六年当時の状況を再現する意味で、ここでは論文初出時の用例をそのまま掲げる。一般の書籍からのものに混じって、学生のレポートや卒業論文・科研費報告書・外国人研究者の論文などからの用例があり、当時の苦心が実感できる。

なお、最近の例では、地下鉄の出入口にあたる地上に、次のような注意を記した、横浜市交通局の立て看板が見られた。

「ここは駐輪禁止です。バスから降りた方が歩けなく、困っています。心ある行動を期待しています。」

（二〇〇七年一〇月、横浜市営地下鉄「三ツ沢上町」駅）

（2）意味的に形容詞に近いものが文法的にも形容詞に近い振る舞いをするということは、井上史雄氏が「新方言」に関する研究（井上一九八五）の中で「何しろ動詞を形容詞的に活用させているのだから、『誤用』と非難されても仕方のない現象」（二八頁）として挙げている「チガカッタ（違かった）」のような例についても当て嵌まる。井上氏も、この形が現われた言語的理由として、日本語における「品詞と意味の不一致」ということを指摘した上で、「（「チガカッタ」は─引用者注）恐らく意味的に形容詞的であるところから存在しているのだろう」（二五六頁）と述べている。

（3）（a）及び（b）（d）の場合には、ブランクの中に動詞や補助動詞の部分も記入されるので、別の表で示す。

（4）Eの場合（動詞＋助動詞「られる」）に関しても、筆者自身の感覚では、次の「認めなく」は許容できないが、「認められなく」の方は許容可能である。

　＊　当局はその方針を認めなく、金銭的な援助も行なわなかった。

　？　その方針は当局に認められなく、金銭的な援助も行なわれなかった。

（5）「いる」「〜ている」については、「いず」という新旧混合の形が見られる。

・ネクタイ姿は一人もいず、タオルのはち巻き、ジャンパーに長靴という正装が圧倒的に多い。

（東海林さだお『ショージ君のぐうたら旅行』、文芸春秋、一九七三年）

・今のところ復帰のめどはたっていず、「このままユニホームを脱ぐかもしれない」と話す球団幹部もおり、…

（朝日新聞、一九九六年九月一一日）

（6）もっとも、「おらず」に比べると、「いず」は落ち着きが悪いように感じられる。（この点については、本動詞に関しての言及であるが、三上（一九五五）及び金水（一九九六）を参照。）三上氏は、肯定の中止法についても、多分「シラブルの関係」から（「い」よりも）「おり」が使われる、と述べている（二三二頁）。

（7）言語変化における有力なパターンとして、本書の第一章で挙げた「変化のS字カーブ」があるが、この考え方に当て嵌めると、（g）のような場合に「なく中止形」が許容されるようになるかどうかが、重要な分岐点となるように思われる。因みに、有名な「ラ抜き」の場合は現時点で、話しことばにおいては最後の緩やかな段階に達していると考えられるが、書きことばにおいては、急激に流れが進む一歩手前の葛藤期にあると言えるのではないだろうか。

（8）対象とした留学生の日本語能力については、両大学での日本語教育担当者であった黒田矢須子氏（北海道大学）並びに、山内博之氏（岡山大学）から情報を得た。なお、学生たちの中には、日本語能力の面で日研生とあまり差のない研究生も含まれている。

（9）作文の内容は、感想・随筆・報告に当たるものがほとんどである。また量的な面では、一部に長いものもあるが、大半が四百字詰め原稿用紙で二枚程度のものである。

（10）⑦の「左右されなく」は、分類としてはEに含まれるものだが、どことなく不自然な感じが残る。同じ助動詞の「(ら)れる」でも、意味的に可能の場合（Eの実例）と受身の場合（⑦の例）とで許容度に差が出るのかもしれない。

（11）十五冊の修士論文は全てワープロ書きのもので、量はさまざまだが、平均では四百字詰め原稿用紙で三百枚程度（資料も含む）になるものと思われる。また、学生の国籍別の人数は、韓国＝五、中国＝四、台湾・タイ＝各二、アルゼンチン・イタリア＝各一、であった。（なお、後に言及するインタヴューに応じてくれたのは、このうちの、韓国＝四、タイ＝二、中国・台湾・アルゼンチン・イタリア＝各一、の計十名である。）

（12）⑦の「出てくる」の場合は、「出てこず」という形が言いにくいということが影響している可能性も考えられる。

（13）この十名のうちでは、修士論文において「ず」のみを使用している者が四名、「ず」と「ない」の両方を使用している者が六名であった。

（13）この調査は（隠れた意識に関する）「意識調査」であるので、ここでは「なく中止形」の存在についてアンケートなどを通じて一応理解してもらったうえで、個人個人の意識について尋ねている。ただし、当然のことながら、ネイティヴ自身の用例やその特徴については言及していない。

(14) 例文の（1）（3）（5）（6）（7）（8）はネイティヴの例を一部アレンジしたもので、その一つ一つが前に挙げたA～Fの分類に対応するものである。一方（2）と（10）は、佐治（一九八二）と寺村（一九九一）の中の例の、「～ず、…」の部分を「～なく」に直したもので、ともに状態的な意味を表わさないと考えられる動詞の場合、また（4）は、（7）「認められる」に対応させてその「られる」の部分を取って作った例、（9）は（2）の「降る」を「～ている」形に変えて作った例である。更に（11）と（12）は超上級学習者の例をアレンジしたもので、（11）は複数の用例が見られたもの、一方（12）はやや異質かと考えられるものである。

(15) 超上級学習者の平均（一・二）の方がネイティヴの平均（〇・八九）よりかなり許容度が高くなっている点については、日本語学習者の場合は、多分「ない」の方を（「ず」よりも）先に習得しているということが影響している可能性が考えられる。

(16) この例については念のために、その存在を版本で確認した。

(17) なお、動詞「できる」、補助動詞「いる」（「～ている」）については、用例がなかった。

(18) 動詞「できる」の場合については用例がないので判断のしようがないが、今回調査対象とした江戸末期の人情本と同様に、資料の中に「なんだ」と「なかった」の用例が混在する（「なんだ」九例、「なかった」五例）、明治中期の上方落語速記本の場合、五例ある「なかった」のうちの三例の上接語が「出来る」（他の二例は、「居る」と「～て呉れる」）であり、一方「なんだ」の場合には「出来る」の例は一例もないことから（「居る」もなし）、「なかった」が受け入れられやすい上接語の一つとして「できる」があり得ることの傍証にはなるかもしれない――この点については、金澤（一九九六）を参照のこと。
次に、その中の例を一つ示しておく。
・萬一出来なかッたら如何《どん》なにされても介意《だいじ》ないと云ふのですなァ（『棒屋』）

(19) 渋谷勝己氏の「国語史から見た現代の変化」（『日本語学』第一〇巻第四号、一九九一）からの引用。同論文は、「はじめに」で触れた可能動詞形の成立についても詳しい。

引用・参考文献

井上史雄（一九八五）『新しい日本語―《新方言》の分布と変化―』明治書院
金澤裕之（一九九六）「『んかった』考」『岡山大学文学部紀要』第二五号
金田　弘（一九八五）「『なかった』考」『国語と国文学』第六二巻第五号
亀井孝他編（一九六五）『日本語の歴史6　新しい国語への歩み』平凡社
金水　敏（一九九六）「『おる』の機能の歴史的考察」『山口明穂教授還暦記念国語学論集』明治書院
此島正年（一九七三）『国語助動詞の研究』桜楓社
坂梨隆三（一九七三）「江戸時代の打消表現について」『岡山大学法文学部学術紀要』第三三号
佐治圭三（一九八二）「『しなくて』と『しないで』と『せずに』」日本語教育学会編『日本語教育事典』大修館書店（四四三－四四四頁）
真田信治（一九八八）「末期江戸語における方言的背景」『国語と国文学』第六五巻第一一号
寺村秀夫（一九八一）『日本語の文法（下）』国立国語研究所
寺村秀夫（一九九一）『日本語のシンタクスと意味Ⅲ』くろしお出版
中村通夫（一九三七）「『なんだ』と『なかった』」『東京語の性格』川田書房
西口光一（一九九〇）「上級日本語教育のプログラム」『日本語教育』七一号
原口　裕（一九八一）「近世後期語（江戸）」『講座日本語学3　現代文法との史的対照』明治書院
三上　章（一九五五）『現代語法新説』刀江書院
吉田澄夫（一九三四）「江戸語に関する一疑問」『近世語と近世文学』東洋館出版社

第三章　丁寧表現の推移

この章では、丁寧表現の推移を取り上げる。その中でも特に注目するのは、現代日本語において、丁寧表現の代表として意識されることの多い、デスとマスの葛藤の問題についてである。

現代では「デス・マス体」などと呼んで、ペアで取り上げられることの多いデスとマスだが、歴史的に見ると、マスは数百年に及ぶ歴史を持っているのに対し、デスが一般に使われるようになったのはたかだか百年余りに過ぎない。しかし、その百年余りのうち、特に第二次大戦後から現在にかけては、「おいしいです」「暑いです」などというように、形容詞に直接デスの付く形が定着しつつあり、傾向としてはデスの進出が著しいと言える。そして現時点では、日本語の文における三タイプのうち、名詞と形容詞が述語の中心になる場合はデスが、動詞が述語の中心になる場合はマスが、それぞれ丁寧表現を担うという形で、その役割分担が一応安定している状態である。

しかし、一応安定しているかに見えるそうした状態の中にも更なる変化の兆しは窺え、たとえば最近特に目に付く現象としては、それぞれの否定形である「ません」と「ないです」の使用において葛藤の様子が見られる。この点については、従来からいくつかの研究があり、文脈や状況による差はあるとしても、全体としては「ません」⇓「ないです」の傾向が進んでいることが明らかにされている。一では先行研究の紹介も加えて、そうした流れの状況を明らかにする。

そして、ここに述べたような状況が更に進んで、将来において丁寧表現を担う形式がデスに一本化されるかもしれないという可能性については、井上史雄氏が『日本語ウォッチング』などで夙に言及されているが、母語話者の感覚ではまだまだ遠い将来のこととしてしか考えられないそうした変化が、例えば一部の日本語学習者のことばの中では現実のものとして実現する方向に向かっている状況がある。二ではそうした事実を、自然習得による日本語習得者の実際の表現の中から具体的に示し、ある意味では、母語話者における将来の日本語表現の一端を、学習者の方が今まさに、先行するような形で体現しているのかもしれない様相を確認する。

また三では、少し異なる角度から丁寧表現の歴史を振り返ってみる形で、ここ百年ほどの間における、複文の従属節に見られる丁寧化率の変化の状況を、実証的なデータを紹介しつつ検討してみる。こうした側面も、日本語における丁寧表現の将来の展開を考える上で、貴重な資料となるのではないだろうか。

一　丁寧表現の現在

一・一　井上（一九九五）の指摘

デス・マスを中心とする丁寧表現の現在の状況については、そのタイトル名もまさに「丁寧表現の現在」と題された井上史雄氏による要を得た論文（井上一九九五）があるので、まずはそこから、大まかな歴史と概略について引用してみることにする。

まず丁寧語・丁寧表現を日本語史の中に位置づけてみよう。丁寧語の発生は、平安以降のハベリ、ソウロウに見られる。室町以降はマスが発展した。デスとマスは並べられるが、マスの方が古くからあったわけだ。

それにひきかえ、デスは近代の発達で、『口語法別記』によれば、明治以降東京に広がった。はじめは「名詞＋デス」の形だけだったが、戦前から「形容詞＋デス」が普及した。これによって、「サムウゴザイマス」という「形容詞＋デゴザイマス」（特別丁寧体／御丁寧体）が「名詞＋

表　デスの進出過程

→デスの進出（横方向）／↓デスの進出（縦方向）

	名詞 山（ダ）	形容詞 赤イ	動詞 行ク
推量	山デショウ	赤イデショウ	？行キマショウ 行クデショウ
打消	山ジャアリマセン n山ジャナイデス	赤クアリマセン n赤クナイデス	行キマセン n行カナイデス
打消＋完了	山ジャアリマセンデシタ n山ジャナカッタデス	赤クアリマセンデシタ n赤クナカッタデス	行キマセンデシタ n行カナカッタデス
完了	山デシタ n山ダッタデス	？赤イデシタ 赤カッタデス	行キマシタ ？行ッタデス
断定	山デス	n赤イデス	行キマス ？行クデス

？受容度疑問　　n 新形

デス」「動詞＋マス」に混在する不合理がなくなり、整然たるデスマス体が確立した。

現在はデスがさらに進出し、動詞にもデスが付きはじめている。表にみられるように、推量の表現（行コウ、行キマショウのような勧誘との区別の発達による）を筆頭に名詞・形容詞・動詞ともにデスがつくようになった。　〔五四–五五頁〕

井上氏は更に、デスの最近の進出傾向に関して、次のようなさまざまな例を挙げて説明を加えている。

（i）「カ抜き」(1)の進出
（ii）男も使う「でしょ」
（iii）「なるほどですね」の出現
（iv）「ッス」の出現と拡大
（v）地方共通語としての「アツイデシタ」

丁寧表現に関する井上氏の見解は、これに続いて出版されてベストセラーにもなった『日本語ウォッチング』（井上一九九八）にも詳しいが、それらの指摘を確認した上で、以下では、デスとマスの葛藤の今まさに最前線にあるとも言える、「ません」と「ないです」の問題について注目してみることにしたい。

一・二　「ません」と「ないです」

話しことばにおける、否定丁寧形の「ません」と「ないです」の使い分けに関しては、近年、いくつかの論文によって、その実態の量的な調査結果が明らかにされている。それらの中の代表的なものとして、野田（二〇〇四）及び、小林（二〇〇五）における、まとめの部分を先に引用してみよう。

○最後に、本稿で得られた結果のうち、主なものを確認する。

（1）作られた話しことばであるシナリオからの用例では「ません」の割合が高いが、自然談話では「ないです」の割合が高く約六〇%であった。したがって、丁寧形の否定として「ません」が規範的であると意識されてはいるが、実際の話しことばにおいては、「ないです」の使用はかなり多いものと考えられる。

（2）イ形容詞のほか、名詞、非存在表現では、「ないです」の使用が比較的多い。動詞では

「ません」の割合が高いが、可能を表す動詞や「わかる」やシテイル形では、「ないです」の割合が比較的高い。

（3）終助詞が付加した場合には、「ないです」が使用されやすくなる。若年層では、終助詞の付加により、「ません」の許容度は少し下がる。

本稿でのアンケート調査は、若年層（大学生・専門学校生）のみを対象としたものであったが、若年層で「ないです」の使用がかなり許容されていることと、用例調査の結果とを考え合わせると、変化の方向としては、「ないです」が勢力を強めつつあるものと考えられる。

〔野田二〇〇四、二四二頁〕

○四節でえられた知見は、以下の二点にまとめられる。

知見（1）日常会話では「～ないです」の使用が約七割（六七・七％）を占める。

知見（2）「引用節外では『～ないです』」「引用節内では『～ません』」という棲みわけがみられる。

知見（1）は、Backhouse（一九九三）における『「～ないです」が基本である』という指摘を、量的に裏づけるものである。しかし、新聞記事データを用いた田野村（一九九四）の調査結果とは相反するものとなった。知見（2）は、本稿における創見である。

〔小林二〇〇五、一五頁〕

二つの引用部分から、「ません」の方が優位な書きことばやシナリオの場合とは逆に、母語話者による自然な談話においては、半数を超えた約三分の二という両者にほぼ共通する割合で「ないです」の方が使用されているという実態が明らかになった。また、ここでもう一つ注目したいのは、これまた両者がともに今後の方向として、「ないです」への更なる傾斜を予想しているらしいことである。

なお、この二つの論文には、日本語学習者における「ません」と「ないです」の使い分けの実態についての言及は見られないが、小林（二〇〇五）には、日本語教育関係の教科書や参考書などの調査を行なった結果として、

・現在の日本語教育における述語否定形の扱いには、原則として「ません」が提示されるが、イ形容詞には「ないです」が提示される。

という報告があり、そうした実態に対して、イ形容詞以外の品詞の場合にも「ません」と「ないです」の両形式が可能であることを初級レベルから提示すべきであるという提言がなされている。

両形式の使い分けの問題に関して、日本語学習者の（日本語による）自然な談話や（日本語の）自然習得話者における発話の分析の例は今のところ見られないが、ＯＰＩ(2)形式のインタビューデータを分析した村田裕美子氏（横浜国立大学大学院修了）の調査(3)によると、インタビューに答える日本語学習者の発話の中では、「ません」が六〇・六％、「ないです」が三九・四％使われており、先に示した野田・小林両氏による母語話者の自然な談話における調査結果とは逆の傾向が現われているとのことである。なお、この結果について村田氏は、母語話者を対象とした同じ形式のインタビュ

ーデータ（4）でも、「ません」が五九・二％、「ないです」が四〇・七％という前記の数字とほとんど同じ結果が出ていることから、この場合のデータがともにインタビュー形式のものであることが大きな要因になっているのではないかと推測している。

一・三　まとめ

以上述べてきたように、デス・マスを中心とする丁寧表現の現在の状況は、概ね井上（一九九五）が指摘する通り、基本的には三つの文のスタイル〔名詞述語文・形容詞述語文＝デス、動詞述語文＝マス〕による使い分けが行なわれていると言えるが、そうした中で自然談話を中心としたいくつかの現象においてデスによる進出の様子が窺われ、文のスタイルや場面・状況といったさまざまな条件の中でデスとマスが葛藤を続けているというのが、その実態ではないかと考えられる。

二　日本語自然習得者の丁寧表現

二・一　はじめに

二十一世紀を迎えたここ数年、日本語教育の分野において、自然習得による日本語の学習や習得の問題が注目を浴びるようになってきたのは確かではないかと思う。試みに、雑誌記事データベース「MAGAZINEPLUS」において、「日本語」「自然習得」の二つをキーワードとして検索してみると、ヒットする二十件（二〇〇六年十二月二十日時点）の論文は、全て二〇〇一年以降に発表されたものである。また、雑誌『日本語学』では、二〇〇五年三月号において「自然習得による日本語学習」という特集が編まれ、七本の力作が掲載されている。

さて、その中の一つである長友和彦「第二言語としての日本語の自然習得の可能性と限界」において、自然習得の問題が注目されるようになってきた経緯について触れている部分があるので、それを先に紹介してみることにしよう。

しかしながら、これまでの「第二言語としての日本語」（＝ＪＳＬ）の習得研究は、日本語学習者の大多数が自然習得者であるというこの現実と真正面から向き合うということをほとんどしてこなかった。一九九〇年代に入って本格化したＪＳＬ習得研究が研究対象としたのは、ほとんどが教室習得者であり、教室に通ってこない自然習得者に特に関心が寄せられることはなかった。言語習得の事実解明という言語習得研究の原点に立ち戻った時、自然習得の解明という視座を持つことは、ＪＳＬ習得研究のもはや避けて通れない現実的課題であることを認識させられる。

〔長友二〇〇五、三二一―三二三頁〕

ここでは、次節においてやや詳しく述べるが、この長友氏を代表者とする科研費報告書（長友他二〇〇二）において中心的な調査対象となった自然習得者の言語データを活用することにより、これまでほとんど言及や分析がなされることのなかった自然習得者における丁寧表現について、教室習得者の場合と対照することにより、その実態や特色を報告してみたいと思う。

二・二　インフォーマントと言語データについて

ここで調査対象とするインフォーマント（自然習得者）については、長友他（二〇〇二）及び長友（二〇〇五）に詳しいので詳細はそちらに譲るが、概略としては、日本人の配偶者として日本に定住

表１　言語データの概要

対象者	E	S	R	L	M
年齢(録音時)	40	42	28	38	32
通算滞日年数	8	7	7	13	4
録音時間(分)	44	55	57	52	36

している五人のタガログ語母語話者（全て女性）で、一九九九年に、その五人に対してソーシャルワーカーが養子縁組に関して行ったインタビュー録音の文字化資料が、今回の分析対象となっている。そのデータをまとめた形で示すと、表１の通りである。

この五人の日本語能力に関しては、自然習得者の能力を客観的に判定する基準や方法が確立されていない現時点では確実な判断は難しいと考えられるが、口頭能力を判定する方法として近年定着しつつあるＯＰＩのトレーナーとテスター各一名の協力を得て、「テキストの型」などに注目してそれを推測したところ、筆者を含めた三人が別個に出した結論が次に示すような形で共通のものとなったので、それを一応の基準とすることにした(5)。

下位＝ＥとＳ　中位＝Ｒ　上位＝ＬとＭ

二・三　日本語学習者の丁寧表現について

学習者や習得者の実態について述べる前に、日本語学習者の丁寧表現に関する研究の一般的な状況について、少し触れておきたい。

検索ソフトなどを利用して、学習者の丁寧表現や丁寧体（デス・マス）に関する研究について調べてみると、それが驚くほど少ないことに気付く。そして、数少ないそれらの研究のほとんどが、普通体と丁寧体の使い分けに関するもので、談話におけるスピーチレベルシフトに関する研究であることが分かる。ではなぜ、例えば使用の実態を報告するといった、それ以外を対象とする研究がほとんどないのだろうか。その答えは、ある意味では単純なことではないかと思う。それは、周知の通り、現在一般に使用されている教科書のほとんど全てのものが、第一課からデス・マスの丁寧体を使用しており、後に導入される普通体との切り替えや使い分けの問題はあるとしても、［名詞文・形容詞文＝デス　動詞文＝マス］という使い分けのルールが当然のこととして存在し、学習者に導入されているからだと思われる。そのルールへの違反はもちろん（かなり初歩的な）「誤用」であり、正されるべきものである。従って、誤用の分析などの場合には言及されることもあるが、特に深く検討されたり分析されたりする対象とはなっていないと考えられる。

二・四　教室習得者における丁寧表現の実態

前節でも述べたように、一般の教室習得者の場合に関しても、丁寧表現の使用の実態について報告されたものがほとんど見られないので、次節で触れる自然習得者の場合との比較の対象として、その実態を先に報告してみたい。調査の対象としたのは、むろん内容は異なるが、同じくインタビューに対する応答の文字化資料ということで、基本的に丁寧体が使用されているOPIによるKYコーパ

表２　教室習得者の丁寧表現

	初級―上				中級―中				上級			
	C	E	K	計	C	E	K	計	C	E	K	計
マス	95	86	77	258 (56.8)	100	91	132	323 (53.8)	151	109	88	348 (45.9)
デス	53	91	51	195 (43.0)	124	72	59	255 (42.5)	156	119	60	335 (44.2)
ンデス	0	1	0	1 (0.2)	5	8	9	22 (3.7)	12	19	44	75 (9.9)
合計				454				600				758
デショ(↑)	0	0	0		0	3	0		5	3	0	

スの資料である(6)。なお、KYコーパスにはレベル判定が示されているので、どのレベルのものを使用するかが問題となるが、先に挙げた自然習得者の場合の「テキストの型」との相関を考慮して、「初級―上」「中級―中」「上級」の三つのレベルを対象とし、且つ、母語別に三種類（中国語〈C〉・英語〈E〉・韓国語〈K〉）のものがあるので、それぞれから二名ずつ選び、各レベル六名分を調査した(7)。

表2は、その調査結果である(8)。なお、「ン（ノ）デス」には、一般の「デス」とは異なる特殊な用法があると考え、両者を区別した。他方、確認要求などを表す文末の「〜デショ（↑）」については、機能の面でも接続の面でも大きな違いがあることから、別扱いとして欄外に数のみ示した。出現総数で見ると、一定時間内（最長約三十分）にレベルを確認できたところで終えるというOPIの特徴から、初級（四百五十四）→中級（六百）→上級（七百五十八）という風にある程度の割合で増加している様子は、大体首肯できる結果であるように思われる。

さて、丁寧表現内部の使用割合に注目して見ると、この結果

表３　自然習得者の丁寧表現

	E	S	R	L	M
マス	—	10（3%）	21（26%）	—	52（32%）
デス	37（100%）	356（95%）	36（45%）	3（21%）	68（41%）
ンデス	—	7（2%）	23（29%）	11（79%）	45（27%）
合計	37	373	80	14	165
デショ（↑）	43	2	3	55	8

については、次のような点が特色として指摘できるように思われる。

（ⅰ）いずれのレベルでも量的には、「マス」が「デス」より勝っていること。

（ⅱ）「デス」は四〇％台前半で、レベルに関係なく安定した使用割合であること。

（ⅲ）レベルが上がるにつれて「マス」の使用が相対的に下がっていくかわりに、「ンデス」の割合が少しずつ伸びていること。

こうした傾向を一つの雛形として、次節で自然習得者の場合を詳しく観察してみたい。

二・五　自然習得者における丁寧表現の実態

今回、対象とした五人の状況を、表2と同様の方法でまとめた結果が表3である。これを一覧するだけでもバラエティに富んでいることが想像できるが、まずは個別にその特徴を箇条書きで挙げてみる。

（1）　Eの場合

・丁寧体の使用が少なく、全体では約一割程度（三十七例）で、その使用例は全て「デス」である。
・「デス」を使用しているのはほとんど名詞類か形容詞の場合であり、動詞に使用した例（一般には誤用）は一例のみ（「違うです」）である。
・意識的なものかどうかは不明だが、動詞類に「デショ(↑)」を付けた例が(全用例数四十三のうちの二十五あり、ログセのような形になっている可能性がある。

（2）　Sの場合

・基本的に丁寧体を使用しており、その内訳では「デス」が圧倒的（約九五％）である。
・丁寧表現が動詞類に接続する場合（計六十九例）でも、その多くは「デス」（五十四例）で、大部分は一般に誤用とされるが、前接形式は多様（ル形・タ形・補助動詞・助動詞）で、生産的であると言える。
・動詞の場合の「マス」は十例あり、「ある」(五例) 以外は一例ずつの使用である。但しその中には、話し相手の(「マス」の)使用に対してオウム返しで応えたものではない、自然な形での発話もある。
・「ソデス」（七例）には不適切な用例が多く、適切と思われるものは二例しかない。

（3）　Rの場合

・全体としては、普通体と丁寧体が混在している。
・丁寧体の場合は、「デス」が優勢であると言えるが、「マス」もある程度の使用例が見られる。

・「デス」（三十六例）は多様な前接形式に接続し、動詞に続く例は一例のみ（「違うです」）である。
・「マス」（二十一例）も種々の形式（動詞ル形・補助動詞・助動詞）に続き、安定しつつある状態である。
・「ンデス」（二十三例）もかなりの数の用例が見られる。多くは適切な使用だが、一部（二〜三割）に不適切と見られる例もある。

（4）　Lの場合

・ほとんど普通体と言ってよく、ほんの稀に丁寧体が現れるのみである。
・現れる丁寧体は「デス」（三例）と「ンデス」（十一例）のみ。「ンデス」は自分自身による一連の説明の途中の部分にしばしば現れており、大変自然な形での使用である(9)。
・文末の「デショ（↑）」の用例はかなり多く（五十五）、口グセのようなものとなっている可能性が高い。

（5）　Mの場合

・基本的に丁寧体で、「マス」「デス」「ンデス」の三形式を比較的バランスよく使用している。
・「マス」と「デス」の使い分けはほぼ完璧で、全体的に見ても、「ンデス」の一部（約一割）にやや不適切に感じられる使い方があるが、明らかな誤用はほとんどない。
・前接する動詞類の形式も多様であるし、複文における従属節末に使用される場合も多い。

表４　丁寧表現の特色

教室習得者	自然習得者
•「マス」が優位 •レベルが上がるにつれて「マス」の相対的使用量が低下 •「ンデス」の使用は，主に上級以上	•「デス」が優位 •レベルが上がるにつれて「マス」の使用量が増加（の可能性） •低いレベルから「ンデス」の使用が認められる

以上に記述した通り、レベル差に加えて表現スタイルも一様ではないが、この五人の状況全体から窺われる特色があるように思われるので、それを次に列挙してみる。

Ⅰ　五人の全てにおいて、「マス」より「デス」の方が優位であると考えられる。

Ⅱ　レベルが上がって行くに従い、「マス」の習得が進んでいるという可能性がある。

（例えば、S→R→M　という展開）

Ⅲ　「ンデス」は低いレベルの場合からある程度の使用が見られ、不適切と見られる用例もあるが、レベルが上がってゆくにつれて、量的にも質的にも向上している。

このⅠ～Ⅲの特色を、教室習得者の場合の特色である二・四の（ⅰ）～（ⅲ）と対照してみると、上の表４のような形でまとめられるのではないかと思う。

二・六　おわりに

これまで述べてきたところは、年齢などの状況やレベルもさまざまな自然習得者五人の、インタビューによる言語データを調査対象としたものなので、その結果にどれだけの客観性を求め得るかについては筆者自身も確たる自信はない。しかし、前節の最後にまとめる形で示した表4は、一見単純なものであるとも言えるが、教室習得者と自然習得者の根本的な相違を、かなり端的な形で示しているものと言えるのではないだろうか。

因みに、井上史雄氏が『日本語ウォッチング』（一九九八）などで夙に主張する通り、日本語そのもの（＝母語話者）における将来の丁寧表現が次第に「デス」に統合してゆくという可能性は十分考えられ、そうした見方からすると、自然習得者による丁寧表現のパターンは、奇しくも日本語の将来の姿を先取りする形のようになっている可能性もあり、ある意味では至極〝自然な〟習得のあり方であると言えるのかもしれない。

三　近・現代における文の内部の丁寧度

三・一　はじめに

日本語の通時的変遷の中で、近世・近代語を研究する醍醐味の一つは、そこで得られる知見が、直接あるいは間接的に現代日本語の様相と関わる場合が多いことであり、時には現在の状況の一端を映し出す鏡となったり、またある時は、今後の展開を予想する上での手掛かりともなり得たりするという点で、我々に二重の楽しみを提供してくれるところにある。例えば、本書の第二章は、「なく中止形」という同一の文法的現象を対象として、現代日本語での状況の記述（一）、日本語習得の分野への応用（二）、日本語史〈近世・近代〉的な方向への類推（三）といった他分野への展開を行なった試みであるが、もしこうしたアプローチが可能だとすると、共時面での単なる一つの現象と見られるものが、言語習得のメカニズムや歴史的なパースペクティヴの中に位置付けられることになり、言語研究というものの本質にも迫り得る、大きな意味合いを持つものとして捉えられるように思われる。

ここでは、近・現代日本語の話しことばを特徴付ける具体的な言語表現を手掛かりとして、これまでほとんど行なわれてこなかった方向からの通時的な変遷を調べてみることにより、新たな展開に広がるかもしれない可能性を模索してみることにしたい。

三・二　テーマ設定の経緯

文法あるいは文体的な面で、近・現代日本語を特徴付ける現象の一つにいわゆる丁寧体のデス・マス体があることは、広く知られたところであろう。もちろん、「です」と「ます」とでは、その出自を初め、定着や展開の様相も異なり、今だに議論の多い部分もあるが、話しことばにおける丁寧体の一般的な状況としてみると、明治時代の中頃以降、デス・マス体が安定して使用されているということについては、田中章夫氏による詳細な検討を初めとする多くの研究がほぼ認めているところである。そして、現代の状況にもつながるこうしたデス・マス体の約百年間の展開に関しては、それが確固たるかなり安定した体系を作り上げていることもあってか、井上史雄氏による「将来におけるデスへの統合」といった大きな見通しを除くと、具体的な分析や考察はほとんど行なわれてこなかったように思われる。

こうした研究状況の中で、この点に関して一石を投じた感があるのが、一九四二年の初版から数えて、間に五十年以上の歳月を挟んで近年二つの出版社から相次いで復刊された、三尾砂氏による『話言葉の文法』(10)である。特にその中でも、「文の内部における丁寧さの表現」に関する部分は、これまでいわば〝当然〟のこととして見過ごされてきたような言語現象について、具体的な調査結果を示しながら実態を記述しているという点で、一部の研究者たちの注意を喚起するものとなっている。

以下では、先にその要点について概観した上で、そこから刺激を受けて行なった今回の調査の様子を紹介してみることにしたい。

三・三　「文の内部における丁寧さの表現」について

三尾は「文の内部における丁寧さの表現」を、下のような概念図で示している（一九二頁参照）。

このうち、文の終止部で用言が「です体」形になった場合を文体が「です体」になったものとし、この場合に、文の内部で用言が「です体」形になる度合いによって、その文の丁寧さの度合いを判断しようとする。さらに、文の内

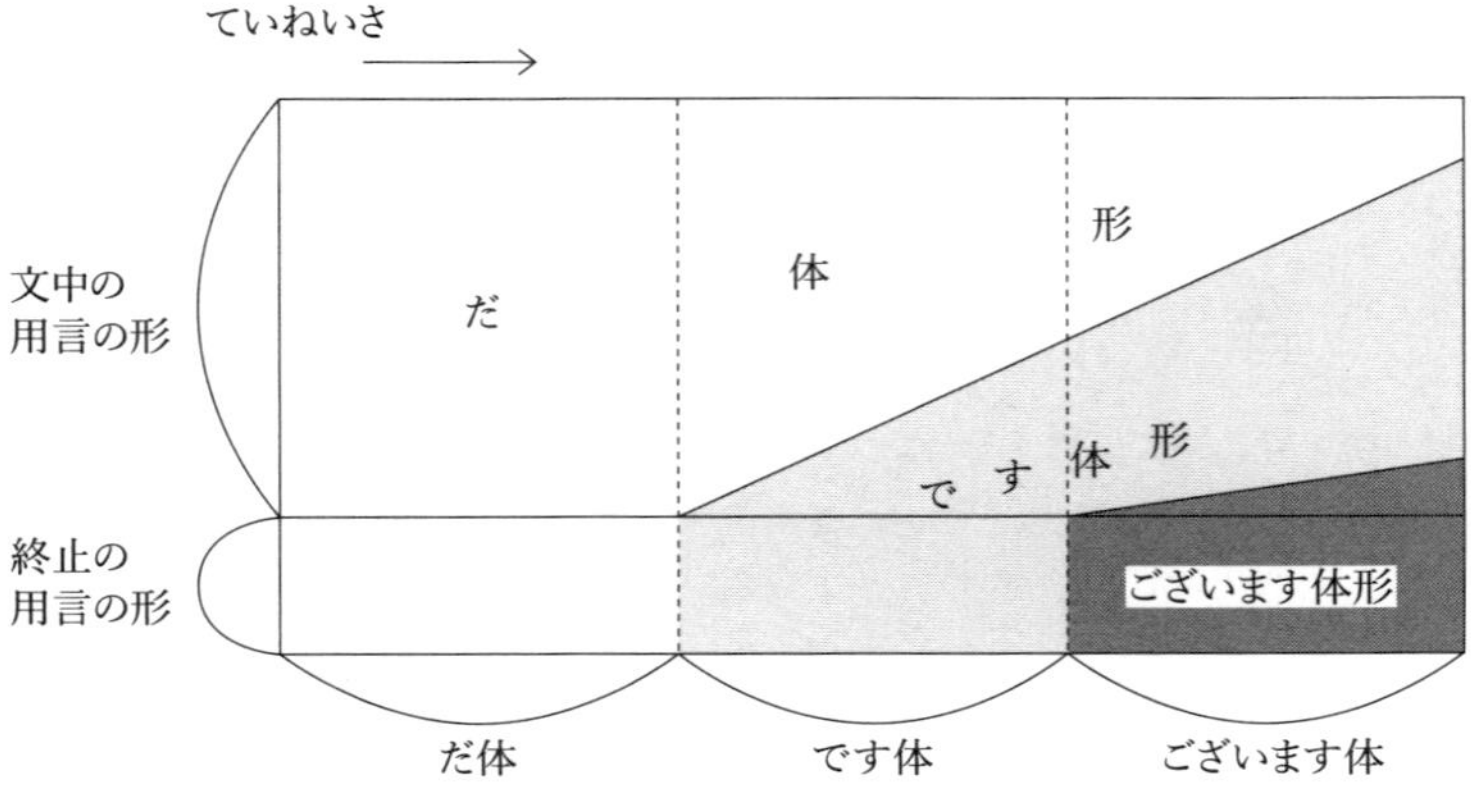

部で「です体」形の用いられる場合を、次の三つに大きく分類している。

（一）　独立部（用言からきた接続詞）
（二）　接続部（接続助詞につづくもの・接続形・仮定形）
（三）　連体部

そして、この三つの場合大まかには、（三）＜（二）＜（一）の順で「です体」形化が進んでいるとするが、（二）に関しては〈「です体」には「だ」のつく接続詞も、「です」のつく接続詞も共に用いられます。〉（一四九頁）として、とくに使い分けの基準に関するような指摘はなく、また（三）に関しても、〈連体部の用言が「です体」形にかわっていく準拠は、単純には求められません。接続部の用言が「です体」形にかわっていく準拠は、接続助詞の種類に求められました。その筆法でいくと、連体部の場合は、被修飾語である体言に求められそうです。が、そういうわけにはいきません。〉（二五五～六頁）と述べられており、「準拠」が示されているのは（前の引用にもある通り）、（二）の接続部の場合のみとなる。

接続部の場合に関しては、全般に亘って比較的詳しい記述があるが、前記引用部分の説明からも明らかなように、その準拠は基本的には接続助詞の種類に求められるとする。そして興味深いのは、そうした説の根拠として、主に大正時代（一九一二－二六）に作られた、一〇人の劇作家による一三戯曲中の「です体」の部分から、接続助詞別に「です体」形化の統計がとられていることである。次に、その結果をまとめた表とそれに添えられた説明を示してみる。（二〇六頁の表と説明を一部編集）

接続助詞	**丁寧体率**
が	九四・五％
けれど	八六％
から	七三％
し	五八％
ので	二八％
と	七・三％
たら	六％

説　明

・文の丁寧さが加わるに従って、接続助詞のともなう文体形が「が」から順次「です体」形化する。

・「です体」文において、Aという接続助詞の出現総数をN、「だ体形」についた回数をan、「です体」形についた回数をbnとすると、Aの丁寧さは次の式によって表される。

$$\text{Aの丁寧さ} = \frac{bn}{an + bn} \times 100$$

筆者である三尾も述べている通り、戯曲のことばがただちに話しことばそのままを映し出すわけではないが、録音機器が未だ開発されていない当時において、一般の話しことばに近い資料を調査したものとして、これは十分目安としての役割を果たしているのではないかと考えられる。

三・四　他資料と比較しての通時的変遷

以下では、前節で示した大正期戯曲資料の調査結果と比較する形で、それと時期を異にする資料における「文の内部（接続部）における丁寧さ」の実態を調べてみようと思うが、三尾も述べている通り、場面や状況のちょっとした違いによって数値が変わる場合が考えられるし、また、自然な話しことばを捉えた資料が最も望ましいことは言うまでもないが、時代を超えて、そうした同質の資料を準備することはほとんど不可能であると思われるので、ここではあくまで、「丁寧体（デス・マス）が比較的自然な形で使用される、話しことば的な資料」ということで、大正期のcを間に挟む、次の四種の資料（a・b・d・e）を調査対象としてみた。

a　明治中期の演説の速記資料〈一八八六前後〉
b　明治中期の落語の速記資料（の会話部分）〈一八九一–九六〉
〔c　大正期に作られた戯曲作品——三尾の調査資料〈一九一二–二六頃〉〕
d　昭和中期の座談会資料（『言語生活』創刊期、一〇回分）〈一九五一–五二〉
e　昭和末期の座談会資料（『言語生活』終刊期、一二回分）〈一九八七〉

a・bについては、録音機器が未だ発明されておらず、話しことば的な資料が極端に限られる時期であるため、速記による二大資料である演説と落語の中での丁寧体使用部分を対象とした。ｄ・ｅについては、可能な限り同質な資料をと考え、音声による一次資料ではないが、ほぼ同一の形式（四、五人によるテーマを決めた座談会）が継承されており、かつ、比較的多様な人物による用例が収集できるところから、この資料を選択した。なお、用例数に関しては、三尾調査における総数（九七〇）を考慮して、資料全体の量が限られるａを除き、総数一〇〇〇を目処として収集した。（各資料の詳細については、末尾に示した【資料】を参照。）

三尾によるｃの結果を含めて、五種類の資料における結果を接続助詞別に示すと、次の表5の通りである。

そして、この結果の丁寧化率の推移をグラフの形にして示したのが図1である。（用例数が一〇に満たない、ａにおける「けれど」「し」「ので」は省略した。）

この図1から見ると、グラフが全体としてはかなり安定した分布になっているという印象を受ける。というのは、一部で順序は入れ替わることがあるが、全体の平均値に近い六〇％を境として、上位グループの「が」「けれど」「から」と下位グループの「し」「と」「ので」「たら」がほぼはっきりと分かれた形で分布しているからである(11)。接続助詞の別による丁寧体化の割合という点では、全期間を通してほぼ安定している近・現代の約百年間は、三尾の言う接続助詞の種類という「準拠」の働きという点でも、比較的安定した状況であるらしいことが予測される結果となった。

表５　五種類の資料における助詞別の出現数

	a	b	c	d	e
が	15/100 87.0	31/464 93.7	13/223 94.5	35/513 93.6	5/145 96.7
けれど	3/1 (25.0)	5/12 70.6	13/83 86.5	44/104 70.3	64/310 82.9
から	20/35 63.6	81/209 72.1	63/169 72.8	42/111 72.5	53/99 65.1
し	1/0 (0.0)	13/9 40.9	20/28 58.3	30/23 43.4	25/12 32.4
ので	8/0 (0.0)	45/7 13.5	56/22 28.2	79/10 11.2	27/7 20.6
と	40/37 48.1	76/43 36.1	102/8 7.3	130/91 41.2	136/53 28.0
たら	17/2 10.5	36/7 16.3	160/10 5.9	39/7 15.2	40/4 9.1

凡例　普通体 / 丁寧体
丁寧化率（%）

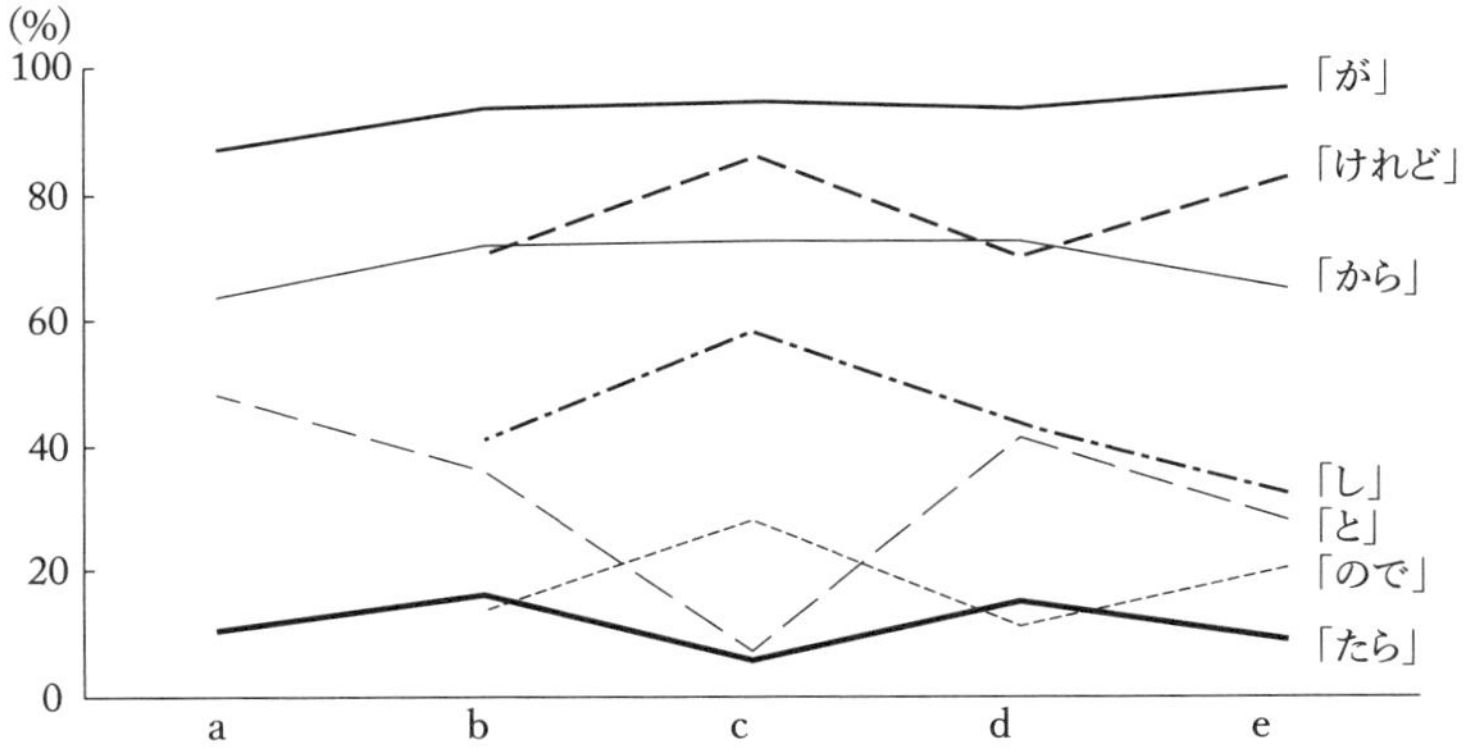

図１　接続助詞別の丁寧化率の推移

三・五　調査から派生したトピック

さて、前節の後半に示した図1の結果から、接続助詞の別による「文の内部における丁寧さの表現」に関しては、近代以降のこの百年ほどの間にさほど大きな時代的変化がなかったらしいことを述べてきたが、表5の数値の方を詳しく検討してみると、（助詞別の）丁寧体化の割合のみを示した図1には現れない、比較的大きな時代的変化があることに気付く。その最たるものは、a～eの各資料における それぞれの助詞の出現数の割合に注目すると容易に明らかとなるが、「が」と「けれど」の地位の、いわば逆転現象である。aからdの資料において、出現頻度の点でほぼ安定して一位の座を占めていたのが「が」であるが、資料eにおいては突然第四位に転落し、それに替わるように下位から上昇して、一気に第一位の地位を占めるのが「けれど」である。両者は共に逆接の働きをし、一般には「完全に置き換え可能な形式である(12)」とされるが、この両者の出現頻度における明瞭な逆転現象はかなり興味深いものと言える。参考までに、資料a～eにおける両者の出現数を対比させた割合の形で示すと、次の図2のようになる。dとeは一応同質の資料であると考えられるので、細かい時期の特定は難しいが、昭和のある時期において、出現頻度の点で両者に逆転現象が起きたことは間違いない模様である(13)。

これまで見てきた通り、「が」「けれど」の場合はともに丁寧化の度合が高く、かつ、両者を合計した出現数はそれぞれの資料において大変高い割合を示しているので、両者における丁寧体の表現形式に関して、更に検討を進めてみることにしたい。それは、先に示した表1では紙幅の都合により詳細を示していないが、接続部のそれぞれの丁寧体が「ます」「です」「の（ん）です」のいずれの表現形式をとっているかという問題である(14)。

次の図3は、こうした分析が不可能な（三尾調査による）cの場合を除いた四種の資料において、「が」「けれど」に接続する丁寧体の表現形式を上記の三種類に分類して、その割合を対比の形で示したものである。

この図3から見ると、丁寧体内部の状況として、往々語られる通り「ます」の凋落の傾向が明らかであると言える。それに対して、「です」そのものはあまり大きな変化を見せないが、「の（ん）です」の伸張の様子には特に昭和期に入って著しいものがある。

そして、この図3の傾向を図2と併せて考えて見ると、文の内部（接続部）における丁寧体の表現形式という点で、近代以降のおよそ百年間に見られる顕著な現象として、

「〜マスガ」　⇓　「〜ンデスケレド」

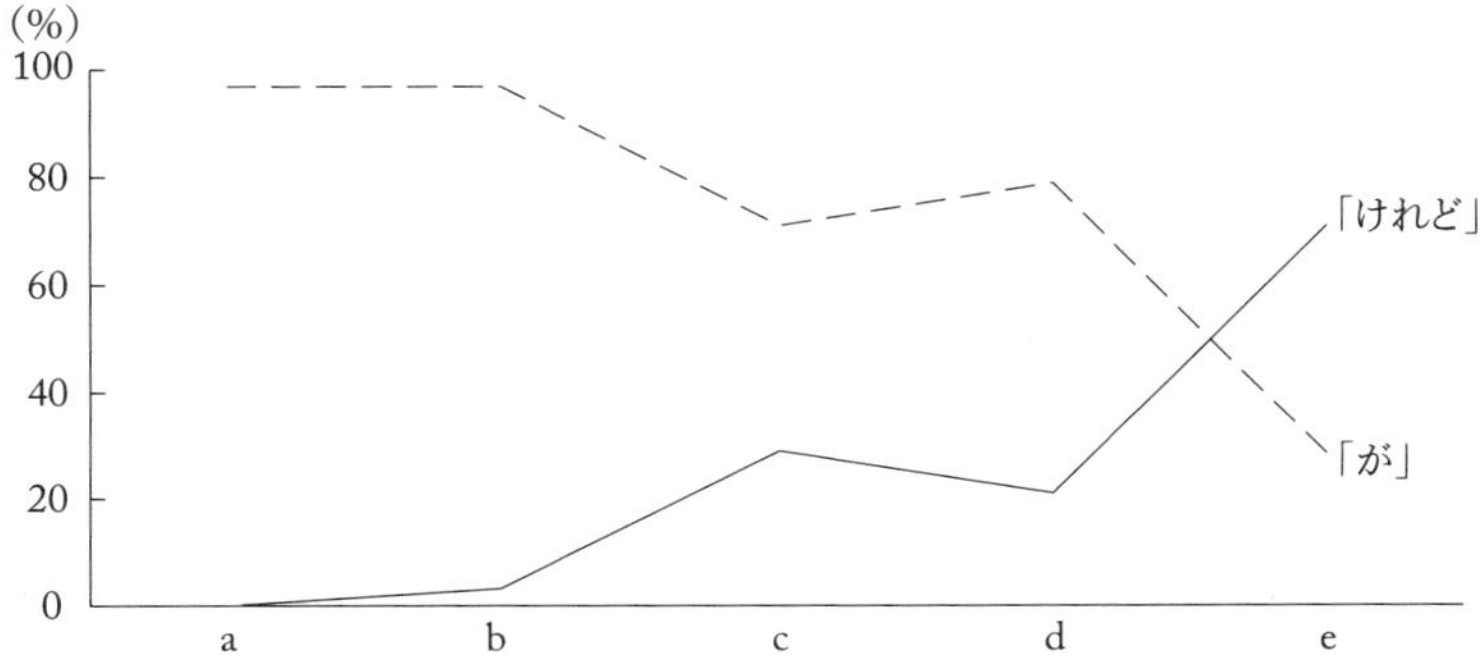

図２　「が」:「けれど」—出現数の対比

という流れが、中心的な形式の変化として挙げられるように思われる(15)。

三・六　おわりに

前節の最後に、近代から現代に至る丁寧体の話しことばに見られる顕著な現象として、文中の接続部における「～マスガ」⇒「～ンデスケレド」という流れを指摘したが、この点に関連して、他分野の研究ではあるが最近とても興味深い指摘に出会ったので、紹介してみることにしたい。それは、学習者による日本語の話しことばの習得過程を研究した山内（二〇〇四）である。

山内氏の指摘によれば、Nグラム統計という新しい統計分析の手法を利用して、さまざまなレベルの学習者の（日本語の）会話資料を分析したところ、超級レベルに至った学習者の会話の中には頻出するが、上級以下の学習者の場合にはあまり見られない表現形式の代表として、「んですけど」が挙げられると

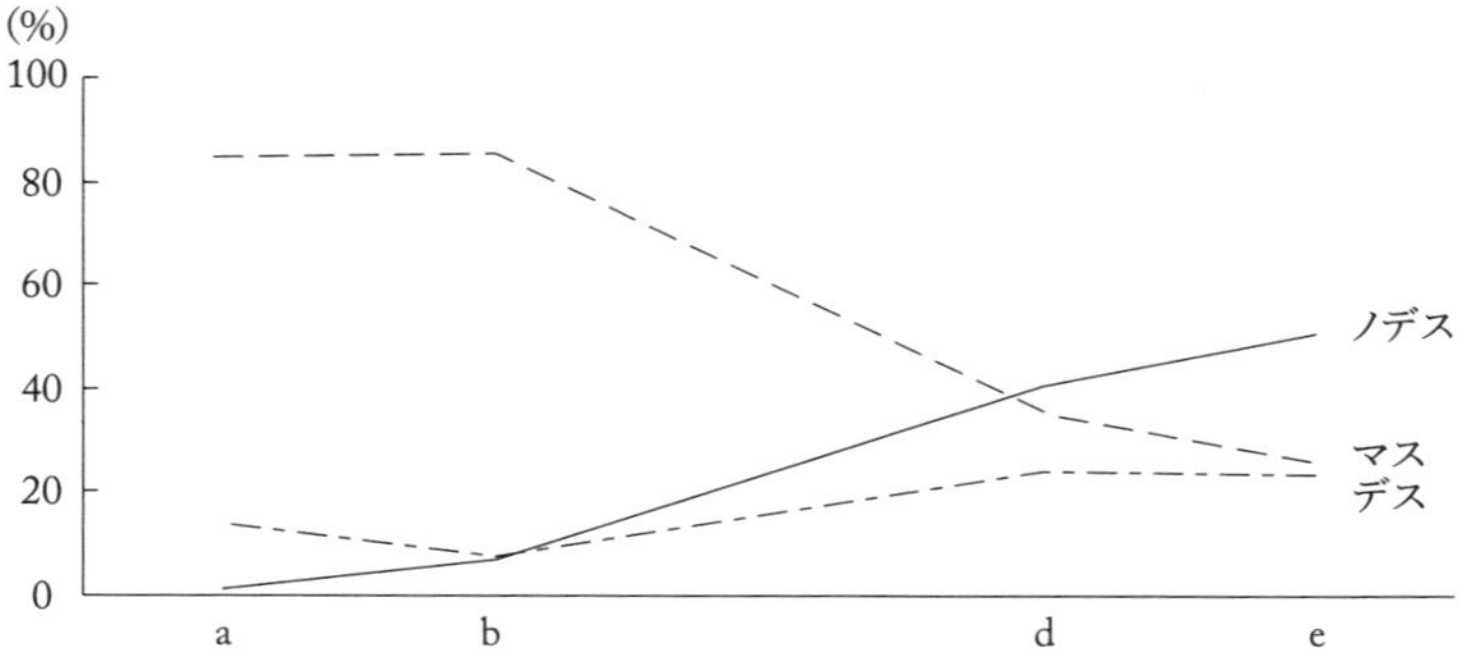

図３　「が」「けれど」に接続する丁寧体形式

いう。超級レベルの学習者とは、一般には母語話者とほとんど変わらない表現ができる（＝声を聞いているだけでは学習者であると分からないレベルの）話者のことであり、そうした人々が（多分無意識のうちに）身に付けている〝自然な〟表現の一つに「んですけど」があるということは、彼らの日常経験における観察や感覚の鋭さを物語るものと言えるのではないだろうか。

そして、こうした現象が事実だとすると、今回これまで調査してきた、近・現代の丁寧語における歴史的変遷の中に見られる現象と日本語の習得研究における観察がたとえ一部だとしてもリンクすることになり、「はじめに」（三・一）でも言及した日本語研究における他分野との関わりが現実のものとして意識されて、その応用や発展が研究面での新たなる展開を生み出す契機ともなり得るように思われる。

【資料】

a　金子弘（二〇〇四）に紹介されている『速記叢書講談演説集』所載の九演説。資料の詳細については、同論文を参照。なお、同論文には、この資料における「ます」についての詳細な分析がある。

b　『口演速記明治大正落語集成（全五巻）』（講談社、一九八〇）のうち、第二・三巻所載の、三遊亭円遊・柳家小さんらによる当時を舞台にした噺の口演速記、四〇話分。

d　『言語生活』創刊号（一九五一年一〇月）から第一四号（一九五二年一一月）までの座談会のうち十回分。（第三・九号は全体に普通体の会話が多いため、第七・八号はゲストの属性が他と比較して異質―七号は外国人、八号は中学生及び母親―であるため、割愛した。）

e　『言語生活』第四二二号（一九八七年一月）から第四三三号（同年一二月）までの座談会十二回分。

注

（1）「見れる」「起きれる」などのいわゆる「ラ抜き」に倣って名付けられたもので、最近若い女性店員などが接客時に使う、

　「スーツです↗」（店内を見て回っている客に）

のような表現をいう。（「↗」は、疑問文のための上昇イントネーションを示す。）疑問文の文末のカ（またはノ）の省略形と考えられる。——詳しくは井上（一九九五、一九九八）を参照のこと。

（2）ＯＰＩ（Oral Proficiency Interview）とは、ACTFL（全米外国語教育協会）によって開発された、外国語などの「話す技能」を評価する方法で、「テスター」と呼ばれるインタビュアーと被験者が一対一で行なう、上限約三十分間のインタビューである。

（3）ＫＹコーパスを利用した、合計九十名の日本語学習者によるＯＰＩの発話に現われた八百十九例の分析。ＫＹコーパスとは、九十名分のＯＰＩテープを文字化した言語資料である。なお、被験者を母語別に見ると、中国語、英語、韓国語がそれぞれ三十名ずつで、その三十名の日本語能力に関するＯＰＩ判定結果の内訳は、それぞれ、初級五名、中級十名、上級十名、超級五名となっている。

（4）日本語の母語話者五十名を対象とした「上村コーパス」のインタビューデータによるもので、総用例数は四百である。

（5）長友（二〇〇五）でも紹介されている峯ほか（二〇〇二）においては、複文構造の使用数と種類を基に四人で合議した結果として、下位＝S　中位＝EとR　上位＝LとM　と判断しており、Eを除いて筆者らの判定と共通である。（EはSとRの中間に位置するものかもしれない。）

（6）ＯＰＩでは客観的な評価を目指しているため、被験者の学習経歴は敢えて調べておらず、その点で被験者が教室習得者であるかどうか厳密な意味では不明だが、インタビューの内容から窺う限り、今回の被調査者は全て教室習得者であると考えられる。

（7）ＯＰＩを主催しているＡＣＴＦＬのガイドラインによれば、それぞれのレベルに対応するテキストの型は、初級＝語、句　中級＝文　上級＝段落　である。上級に関しては、資料発表時にはサブレベルが「上級」「上級―上」

しかなかったので、前者を採用した。

（8）「マス」や「デス」の出現数は、厳密には文の種類（＝述語の品詞）の数と密接に関わるが、表や説明が煩瑣になるため、今回は敢えてその部分を省略した。また、以下に具体例を示すような接続における誤用例も一定数（合計で十例）見られたが、今回はその正誤が目的ではないので、実際の使用例ということで表中の数に含めた。

・あー、普段は写真や音楽鑑賞を、鑑賞が好きます。（韓国語・中級）

・あのー、ほとんど買い物、行ってるですねー。（中国語・中級）

・先週はあの新しい靴、〈はい〉こちらで、〈はい〉買ったです。（英語・中級）

（9）参考までに、そうした用例を一つ、具体的に挙げておこう。

　L：東京の先生は、話ししたってね、いちばん最初は、みんな心配するんですよ、〈うん〉日本語わかんないから〈うん〉。

（10）以下では、記述の理解しやすさの面を考慮し、一九五八年の改訂版の復刻である三尾（二〇〇三）の方から引用する。ただし表記の面では、いちいち説明を加えずに変更する場合があることをお断りしておく。

（11）この（上位と下位の）二分化については、当然、南（一九七四）での従属節の分類におけるC類（ガ、カラ、ケレド、シ、など）とB類（ト、ノデ、タラ、など）の違いが連想される。（「シ」は数値的には下位グループに近いが、順位の点では、一貫して両者の中間に位置している。）なお、この辺りの問題に関しては、庵（二〇〇一）の「§15　複文（1）」の部分に詳しい。

（12）前田（一九九五）より引用。庵（二〇〇一）も基本的にこの認識に立つ。

（13）この点で注目されるのが、資料dにおいて（話者の属性が他と異質な場合として）割愛していた第八号の中学生及び母親の場合、である。この二つの座談会においては、「が」：「けれど」の出現数は、中学生＝二四：二三母親＝二六：二五と、共に両者が拮抗しており、時代を先取りするような形となっている。（因みに、資料dの全体では、両者の割合は大よそ三・七：一である。）

（14）この問題を検討するには、当然、従属節における述語の品詞の多寡が問題となるが、今回は煩雑さを避けるためにこの点には言及しない。ただし、いずれの資料においても、動詞の場合が高い割合（約七〜九割）を占め、名

（15）ただし言うまでもなく、こうした現象は話しことばの場合に限られるものであり、書きことばにおいては、現在でも「〜マスガ」が主流となっている。

詞の場合がそれに続き、形容詞の場合は少数である。

引用・参考文献

庵　功雄（二〇〇一）『新しい日本語学入門』スリーエーネットワーク
井上史雄（一九九五）「丁寧表現の現在」『国文学解釈と教材の研究』第四〇巻第一四号
——（一九九八）『日本語ウォッチング』岩波新書
金子　弘（二〇〇四）「明治語の文法」『日本語学』第二三巻第一二号
小林ミナ（二〇〇五）「日常会話にあらわれた「〜ません」と「〜ないです」」『日本語教育』一二五号
田中章夫（二〇〇一）『近代日本語の文法と表現』明治書院
長友和彦他（二〇〇二）『第二言語としての日本語の自然習得の可能性と限界』平成十二―十三年度科研費（萌芽的研究）研究成果報告書
長友和彦（二〇〇五）「第二言語としての日本語の自然習得の可能性と限界」『日本語学』第二四巻第三号
野田春美（二〇〇四）「否定ていねい形「ません」と「ないです」の使用に関わる要因―用例調査と若年層アンケート調査に基づいて―」『計量国語学』第二四巻第五号
前田直子（一九九五）「ケレドモ・ガとノニとテモ」『日本語類義表現の文法（下）』くろしお出版
三尾　砂（一九九五）『話言葉の文法（言葉遣篇）』くろしお出版
——（二〇〇三）『三尾砂著作集Ⅱ（話しことばの文法）』ひつじ書房
南不二男（一九七四）『現代日本語の構造』大修館書店
峯布由紀・高橋薫・黒滝真理子・大島弥生（二〇〇二）「日本語文末表現の習得に関する一考察―自然習得者と教室学習者の事例をもとに―」〔長友他（二〇〇二）に所収〕

山内博之（二〇〇四）「語彙習得研究の方法―茶筌とNグラム統計―」『第二言語としての日本語の習得研究』第七号
―――（二〇〇五）『ＯＰＩの考え方に基づいた日本語教授法』（ひつじ書房）

第四章　授受表現の動向

この章では、授受表現に関して、最近の注目すべき動向を取り上げる。ものや恩恵のやりとり（授受）に関わる授受表現は、広い意味ではボイス（態）の一種だが、日本語の場合には他の言語と比較して特徴的な部分が多く、且つ実際の場面でも使われる頻度が高いことから、日本語表現の特色を表わす大切な要素となっている。また、そうした面から、日本語教育の分野においても、とても重要な教授項目の一つである。特徴的な部分の代表的なものとしては、一般に授受表現に使われる動詞（授受動詞）として次に示すような七種類があり、しかも補助動詞として頻繁に使われたり、敬語との関わりがあったりすることから、それらの使い分けがとても複雑であることが挙げられる。

授受動詞：やる、あげる、くれる、もらう、さしあげる、くださる、いただく

この章では、世界でも類を見ないと言われるこうした複雑な授受動詞の体系が、近年の傾向として、一部単純化の方向に向かいつつあるのではないかという見通しから、具体的に二つの現象を指摘する。

まず一で取り上げるのは、「あげる」の用法の広がりについてである。「あげる」の用法の広がりについては、以前から誤用との関わりなどから論じられることが多いが、用法や頻度の点で拡大を見せていることは確かであり、それらを単なる誤用として片付けるのではなく、

その背景にある使用者の心理なども考慮に入れながら、「やる」の衰退との関わりの方向から解釈してみることにしたい。

次に二では、これまた授受表現における一般的なルールから逸脱する現象として、「くださる」と「いただく」の使い分けの問題を考える。最近の大まかな方向としては、これまで「くださる」が担っていた部分に「いただく」が進出しているという現象であり、確かに違和感を覚えやすい表現で、誤用と捉える考え方も納得できるが、その一方で、そうした誤用的な表現がことばのプロを含めた多くの人々にまで、多分無意識のうちに使用が広がっている実態を考えると、使用者や使用場面に一定の傾向があるらしいこととも併せて、それを肯定的に評価する捉え方も可能ではないかと思われる。その場合には、体系全体との関わりから見ると、日本語の場合に特異な表現と考えることが可能な「くださる（くれる）」の部分に「いただく（もらう）」が進出する現象の先駆けと解釈することになり、広い意味では、この現象も授受表現の体系自体が単純化の方向に進んでゆく兆しとして捉え得ることを指摘してみたい。

一　「やる」と「あげる」

一・一　はじめに

敬語に関する問題は、一般社会においても話題にされることが多い。その中でも、よく取り上げられるものの一つに、「やる」と「あげる」(1)の問題がある。ただし、この両者の使い分けに関する議論には共通する点が多く、ほぼ定説と考えられるものが確認できる。そこで今、あるいは将来に亘って、最も注目すべきことがらであると考えられるのは、実際の場面における使用状況や、それと密接に関わる今後の展開への見通しということになるのではないだろうか。

一・二　定説と考えられる見解

この問題に関する近年の主な言及は「引用・参考文献」に掲げたが、個々に注目するところにむろん違いはあっても、数多いそれらの内容のポイントを箇条書きにしてまとめると、次のようになるのではないかと考えられる。

（1）伝統的には、「あげる」は「やる」の謙譲語と考えられていたが、最近の「あげる」はむしろ、ぞんざいな印象を与えやすい「やる」に代わって上品な言葉遣いにするための丁寧語・美化語として使われている。

（2）そうなった理由の一つは、「（て）あげる」の場合は恩恵を与えることが強調されて「恩を着せる」感じを伴うことになるため、「尊敬する」ことと馴染まなくなることによると考えられる。

（3）現在、「やる」の謙譲語としては「さしあげる」の方が一般的である。

（4）「（て）あげる」で最近増えているのは、放送番組などで多用される、何かを行なう場合の対象を持たない用法である。（この用法を、村田（一九九四）は「包装紙効果」と呼んでいる。）

こうしたポイントを前提とした上で、以下ではいくつかの資料を調査しながら、実際の使用状況の特色を見てみることにしたい。

一・三　これまでの使用状況

この節では、既に公表された各種資料における実態を通じて、「やる」「あげる」両者の使用状況を確認してみる。

(1)　国語に関する世論調査

まず最初に、アンケートによる意識調査の結果ではあるが、同一内容の調査が経年的に実施されている例があるので、それから紹介してみることにしたい。

周知の通り、平成七（一九九五）年以来、文化庁文化部国語課ではほぼ毎年「国語に関する世論調査」が行なわれて、その時々の話題となるようなことば遣いに関する一般社会での状況が報告されているが、今回テーマとしている「やる」と「あげる」の問題についても初回以来五年おきに三回（一九九五、二〇〇〇、二〇〇五）同一の項目のアンケートが実施されている。細かい数字は割愛するが、無作為に抽出された調査対象による二千以上の有効回答の数字が、次の三つの質問に対する結果として発表されている。

二つの言い方（「やる／あげる」）

a　植木に水をやる／あげる

b　うちの子におもちゃを買ってやりたい／あげたい
c　相手チームにはもう一点もやれない／あげられない

このうち、cについては三回の調査結果にほとんど差が見られないため省略し、aとbの二つについてその結果を、それぞれグラフの形で示してみることにする。（図1・2）
図から分かる通り、aの場合は三回の調査において大きな違いは見られず、「やる」の方が優位で、ほぼ落ち着いた状態になっていると言えるが、もう一つのbの場合は、かなり注目される結果となっている。それは図2から明らかな通り、この十年の間に「やる」と「あげる」の間に見事な逆転現象が起きているということで、こうした例の場合に「あげる」の方が好まれつつあるという傾向を如実に反映するものとなっている。また、そこで注目される「あげる」の割合を、男女の性差および世代差によって、一九九五年と二〇〇五年の二回の場合についてグラフ化してみたのが次の図3である。ここでは予想通り、若年層の女性から「あげる」化が進んでいる様子が見て取れ、若い世代ではかなり「あげる」の方に傾斜し

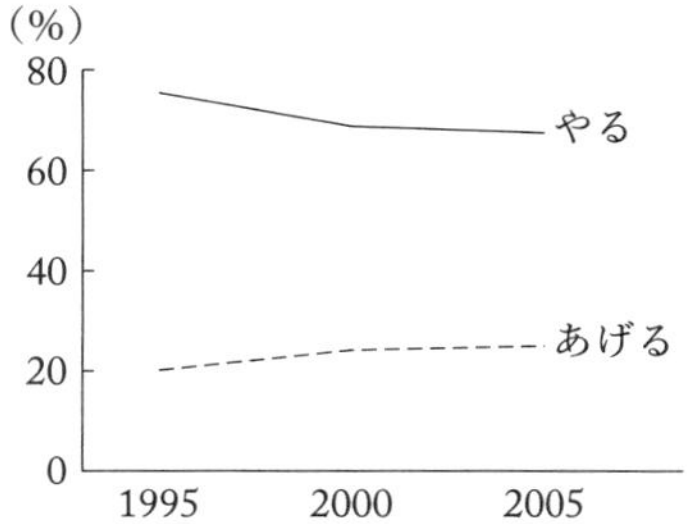

図１　植木に水をやる／あげる

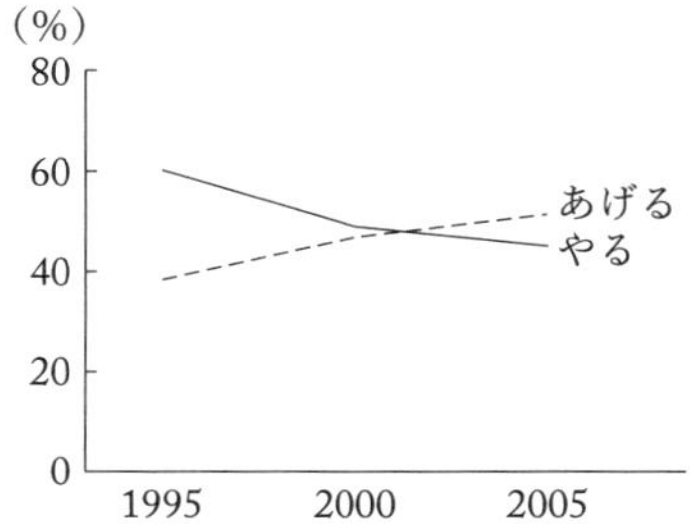

図２　うちの子におもちゃを買ってやりたい／あげたい

ている傾向が窺えるのである。

（2）会話データにおける実態

次に、（比較的）自然な話しことばの資料における両者の使われ方の実態について、近年の状況を見てみることにしたい。ここで調査の対象としたのは、次の四種類の資料である。

（i）「上村コーパス」――母語話者五十人に対するインタビュー実験データ（一九九六）[2]

（ii）『女性のことば・職場編』――現代日本語研究会編（ひつじ書房、一九九九）参照

（iii）『男性のことば・職場編』――現代日本語研究会編（ひつじ書房、二〇〇二）参照

（iv）「名大会話コーパス」――二～四名の話者による雑談で、約六十時間分（二〇〇七）[3]

調査の方法は、それぞれの資料から、インフォーマントが使

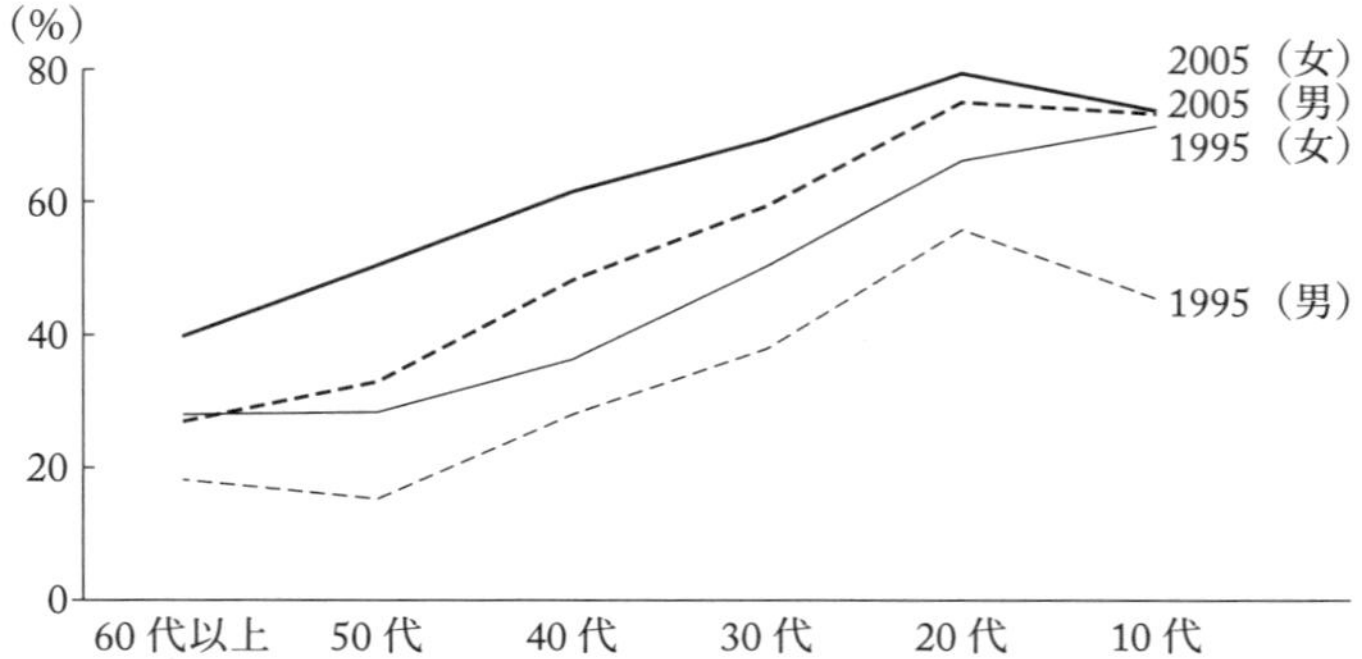

図3　おもちゃを買ってあげたい

表１　各種コーパスにおける状況

	「〜てやる」		「〜てあげる」
上村コーパス	1	：	10
女性のことば	7	：	11
男性のことば	4	：	11
名大コーパス	31	：	81
計	43（27.6%）	：	113（72.4%）

用した「てやる」と「てあげる」の変異形の全てを抜き出し、多少の違和感を除けばもう一方の表現と入れ替えることが可能な場合（「やる」⇕「あげる」）を集計するというものである。理解のために、資料（.iv）から、その具体例を二つずつ挙げておこう。

「てやる」（⇕てあげる）

・で、おばさん、とびらが閉まる直前に気付いたから、投げてやったんだって。

・だからさー、お母さんがさ、買い物行く時にさ、必ず、付き合ってやろうかって言うのね。

「てあげる」（⇕てやる）

・小さい時にある程度叱ってあげないと…。

・どうせそんな眠いんだったら十分だけ寝て、で起こしてあげるからとか言って。

さて、その結果をまとめたのが表１である。この結果からも分かる通り、両者が入り得る表現の場合に、「てあげる」の方がかなり

表2　「24時間録画調査」における状況

	「〜てやる」	「〜てあげる」
「24時間録画調査」	1 (3.0%)	32 (97.0%)

高い割合で選択されていることが、実際の使用状況から見てとれる。

一・四　最近の興味深い現象

前節で確認した通り、「〜てやる／〜てあげる」の選択の場面において、近年は特に「〜てあげる」の方に傾きつつある傾向が確認できたが、それとも関連して、結果的にはそれらと同様の傾向を示すことになる、最近の興味深い現象について、その実態のいくつかを具体的に紹介してみることにしたい。

(a)　テレビ放送における実態

「〜てやる／〜てあげる」使い分け調査の一環として、試みに実施してみたのが、テレビにおける出現調査である。これは、テレビという限られたメディアの中ではあるが、一日の放送の中で両者が実際にどのように使用されているかの実態を調べてみたものである（仮に、『二十四時間録画調査』とする）。調査対象としたのはNHK総合テレビの番組で、二〇〇六年七月二十四日（月）の丸一日（二十四時間）の全放送を録画した上で調査した。その結果は表2の通りである。

このうち、「〜てやる」の一例は、次のようなものである。

・（子どもたちに）出会う機会を作ってやった方がいいんじゃないかと…。
（『いっと6けん』幼稚園園長→インタビュアー）

一方、「〜てあげる」の三十二例は、アナウンサーによる普通のニュース部分においては出現しておらず、番組の中で何らかの〝会話〟が行なわれている部分に現われている。その中で興味深いのは、例えば次の①②のように「あげる」の恩恵の対象が人間になっている例は六例と以外に少なく、それに対して③〜⑤のような、恩恵の対象を持たないケースが二十六例あることが注目される。

①（相手に）ちゃんと色々してあげたくなっちゃうタイプです。
（『スタジオパーク』ゲスト〈女優〉→司会者）

②今、Oさんご夫妻に言ってあげられることって何かありますかね。
（『プレミアム10』男性司会者→ゲストたち）

③冷やしてあげたいの、ボクのお腹を…。
（『生活ホットモーニング』男性司会者→ゲスト）

④（髪を）集めて、ヘアピンでとめてあげます。
（『生活ホットモーニング』ゲスト〈メイクアップアーティスト〉→司会者）

⑤　ペンを持ってる手を固定してあげる。

（『プレミアム10』ゲスト〈一般の女性〉→司会者）

むろん、個々の話者や話し相手との関係・状況によるが、テレビのように公的場面となりやすい状況においては、用例が極端に「あげる」の方に偏ってゆく可能性の高いことが想像される。

(b)「見返してやる」の場合

「〜てやる」には、普通には「〜てあげる」には置き換えられない独特の用法がある。それについて触れている、庵ほか『中上級を教える人のための日本語文法ハンドブック』（二〇〇一）の部分を先に引用してみよう。

◆「〜てやる」は（1）や（2）のように動作を遂行する決意や強い意志を表す表現として用いられることがあります。

（1）いつか偉くなってやる！

（2）あの野郎、一発、殴ってやる。

◆（1）の決意を表す場合、「〜てやる」は単独で強い語調（「！」）を伴って現れたり、願望を表す「〜たい」が続いたりします。

（4）この野郎、ぶん殴ってやるぞ！
（5）ばかにした奴らをいつか見返してやりたい。〔一六八頁〕

筆者も、基本的にこの記述に賛成であるが、近年、次のような例を、テレビ放送の中で実際に耳にした。

・私を振った男たちを見返してあげたいと思って…。
（二〇〇六年四月、民放の情報番組、専門学校生〈十九才女性〉）

これを聞いた時、一瞬耳を疑ったが、前記引用例の中の（5）と全く同じ「見返す」という動詞に「〜てあげる」形が確かに接続していたのである。そこで、このような例があくまでも例外的なものであるかを確認するために、この使用者と同世代である一般の女子大生を対象としてアンケート調査を行なってみた。方法は、次に示すような空欄補充の問題である（4）。

☆次の文の（　　　　）の中に、適当なことば（一〜四字位）を入れて、自然な文にして下さい。
・私を振った男たちを見返して（　　　　）たいと思った。

表３　女子大生アンケートの結果

やり	89
やり＆「やり・あげ」以外	7
あげ	2
やり＆あげ	5
その他（授受表現以外）	9
N.A.（白紙）	2
合計	114

二〇〇六年五月に実施してみたところ、その結果は表3の通りであった(5)。

N.A. と授受表現以外のものを入れた合計十一名を除くと、百三名が「やる」または「あげる」を一応選択したことになり、そのうちの二名が「あげる」だけを記入し、五名が複数（二つ）の一方に「あげる」を記入している。「やる」に対応する意味での「あげる」の選択率という点では、四％余りになる計算（4.5 人÷ 103 人× 100 ＝ 4.37）だが、この数値はどう評価できるのだろうか。若者による知識不足や間違いとして単純に片付けてよいものなのかどうか。今後の推移が注目される表現のように思われる。

（c）　接客や営業関係の場面での状況

筆者は先に、この章の二の方で紹介する「〜てくださる／〜ていただく」の使われ方の実態について発表し、この両者が入り得るさまざまな場面において、急激に「〜いただく」の方が好まれるようになってきている実態を紹介していたが、その調査対象となる資料を検討している時に気になったのが、接客や営業関係の場面におけ

表４　『経済羅針盤』における状況

	「〜てやる」	「〜てあげる」
『経済羅針盤』調査	2（2名分）（7.1%）	26（11名分）（92.9%）

る「〜てやる／〜てあげる」の使用状況であった。ただし、そうした場面の実際のデータを、（できれば音の形で）継続的かつ多量に集めることは難しく、客観的で適切な資料を持つことができなかったため、次善の策として、次に挙げるような資料が参考になるかもしれないと考え、試みに分析してみることにした。

その資料は、ＮＨＫ総合テレビで日曜日の朝に毎週生放送されている『経済羅針盤』という番組である。この番組は、経済の分野で注目されている各種会社の社長をゲストとして迎え、その社長に対して二人のキャスターが、理念や戦略・抱負などについて、率直にインタビューするものである(6)。「会社の社長」というのが、調査対象として適当かどうかは少し疑問だが、業態や業種、更には性別や年齢層などもかなり多様で、今まさに話題となっているＩＴ関係や新興の会社も選ばれており、且つ、最近では珍しい「生放送の」インタビュー番組ということで、二〇〇六年五月〜二〇〇七年四月の約一年間分、三十五名のゲストの会話を対象として調査してみた。

その結果は、表４の通りである。

二十六回出現した「〜てあげる」の中で印象的な例は、例えば次のようなものである(7)。

① お客さんに対して何をしてあげられるのか…。〔小売業〕
② 厳しい目を持ちながらも、彼ら（＝フリーターたち）を理解してあげることが…。〔人材派遣業〕
③ 彼ら（＝熟練工）からですね、誰でもまァ標準化すればできる判断を取ってあげれば…。〔製造業〕
④ 社長としては（従業員たちに対して）その方向を揃えてあげるっていうことが…。〔飲食業〕

内容からも凡そ想像できるように、社長として、組織の外にいる客や派遣対象者（①、②）に対する場合のみならず、組織の中にいる工員や従業員に対する場合（③、④）でも、ほぼ一貫して「～てあげる」の表現で対応している様子が目に付く。話者は性別で言えばやはり男性が多く、年齢層もやはりどちらかと言うと高い人が多いにも係わらず、「～てやる／～てあげる」の両者が入り得る文脈において、ほとんど「～てあげる」の方が（多分）無意識のうちに採用されているという事実は、かなり注目すべきことと言えるのではないだろうか。

一・五　授受表現全体の体系との関わり

冒頭からほぼ一貫して述べてきたように、この「やる」と「あげる」の使い分けについては、ほぼ定説と考えられる見解があり、使用の実態という点でも、急激に「あげる」の方に偏りつつあって、「やる」の使用される領域が極端に狭まりつつある印象を強く受ける。むろん、だからと言って「やる」や「～てやる」という表現そのものが近い将来に消え去ってしまうというようなことは考えにくいが、次に示す図4のように、これまで授受表現の体系の中で「あげる」と並ぶ形で確固として存在してきた「やる」については、次第にその存在感が薄くなって、少なくともこうした体系の中においては、徐々に消え去る方向に向かいつつあると言わざるを得ない状況にあるように思われる(8)。

非敬語形	敬語形
やる／あげる	さしあげる
くれる	くださる
もらう	いただく

図4　授受動詞の種類

筆者は、これに続く二において、世界の言語の中でもかなり特異で複雑な体系を持つとされる日本語の授受表現について、「くださる」の領域が「いただく」に侵食されるという形で、単純化への方向の一つの兆しが現われているのではないかという、些か大胆とも言える推測を発表している。その場合と比較するとインパクトの大きさとしては劣るところがあるかもしれないが、この(「やる／あげる」の並存状態から)「あげる」への統合という方向も、結果的にはそれと同様に、日本語の授受表現体系における単純化への方向のもう一つの兆しとして捉えることが可能となるのではないだろうか。

二　「〜てくださる」と「〜ていただく」

二・一　はじめに

最初に、テレビとラジオの放送の中から比較的最近収集した、次のような例を見ていただきたい。これらの発言者は、四十〜五十代のかなり著名な脚本家ならびに作家で、ことばに関しては、一応プロフェッショナルと言って差し支えない人物たちばかりである。

・今日だけですねェ、全国で十六万人の人が、エー、見ていただいたということで、本当に、あのー、嬉しいことでございます。
（二〇〇六年三月一〇日、テレビの番組宣伝）

・書店の皆さんが、ボクの本を特別に扱っていただいたお蔭で…。
（二〇〇六年四月六日、テレビニュースの中のインタビュー）

・若い女性が、（私の最近の小説を）おもしろいと言っていただいたので、…。
（二〇〇六年六月一八日、ラジオのトーク番組）

さて、この三つの引用部分に共通しているのは、言うまでもなく、「○○（＝相手）が、△△していただいた…」という表現である。こうした言い方は、放送などを聞いていると最近はかなり頻繁に出現しており、特に注意していなければ聞き流してしまうような場合も少なくない。が一方、こうして活字にして読んでみると、多くの方が違和感を持つ表現であることも確かで、「誤用」として認識する向きも多いのではないかと思われる。

普通には話しことばの中で（多分）無意識のうちに現れる表現なので、数字や割合の面から厳密に証明することは難しいが、こうした「誤用」とも評価される表現が近年次第に増加しつつあると見られる現象について、その原因や背景となる状況に焦点を当てながら少しく考察を進めてみることにしたい。

二・二 これまでの言及

こうした現象について、一応専門的な立場から解説が加えられているものは、管見の限りでは次の二つの記事である。先にその内容を、一部省略を加えつつ引用してみよう。

(a) 山田敏弘(二〇〇二)《「もらう」と「くれる」はどうちがう?》

「もらう」と「くれる」は補助動詞としての用法を持つ。

(9) 父に将棋を教えてもらった。

(10) 父が将棋を教えてくれた。

(9)と(10)はいずれも「父が僕に将棋を教える」ということをそれぞれ「僕」「父」を主語に置いて表現している。

日本語では動作主を主語に置かない方が動作主に対する敬意を表しやすい。そのため「てもらう」には「てくれる」よりも動作主に対する待遇上の配慮が強く感じられる。その意識からか動作主を主語にした(11)のような言い方が、特に「てもらう」の待遇的変異形の「ていただく」に見られる。

(11) 先生が教えて頂きました。

誤用かもしれないがすでによく耳にし定着し始めている。(11)には「てくださる」との違いはない。

〔四九頁〕

（b）北原保雄（二〇〇四）《いただいてください》

［質問］「多くの方が来ていただき…」は、正しくは「多くの方が来てくださり…」ではないでしょうか。

［答え］「来ていただき…」と「来てくださり…」の関係についてですが、前者は「自分が来ていただき…」であり、後者は「相手が来てくださり…」という違いがあります。つまり、「いただく（もらう）」は自分が相手にしてもらうのであり、「くださる（くれる）」は相手が自分にしてくれるのです。行為の主体が逆になり、行為の方向が反対になります。ご質問に対するお答えの結論は、両者は自分か相手かどちらを行為の主体として表現するかの違いであって、どちらも正しい表現であるということです。

ただ、ご質問では、「多くの方が来ていただき…」は正しくないと言われているのだと思いますが、これはまさにその通りで、「多くの方に来ていただき…」でなければなりません。前述のように、「自分が多くの方に来ていただき…」なのですから。

〔五六―五九頁〕

結果的に見ると、両者とも「誤用」と考えているところに違いはない。特に（b）は、教科書的とも言える、甚だまっとうな答えであろう。一方（a）の方は、そもそも理論的には「誤用」としか言いようのないものに合理的な説明を付けようと苦心しているためか、内容に理解しにくい点も見られるが、それはさて置くとして、「誤用かもしれないがすでによく耳にし定着し始めている」という観察は現実をよく捉えていると思われる(9)。

授受表現の研究を専門にしている山田氏も認める通り、多くの人が誤用と考える筈の表現が冒頭に掲げたような「ことばのプロ」を含めた人々の間にも広まりつつあるのは、では一体何故なのだろうか。そこには、これまでの敬語の文法的ルールでは説明しきれない、別の何らかの要因が隠れているのではないだろうか。

二・三　誤用ではないと捉える解釈

さてここで、今回対象としている「〇〇（＝相手）が、△△していただく」という表現を誤用ではないと仮定して、その場合にどのような解釈が可能であるかを考えてみることにしたい。比較的単純に解釈を行なってみると、図式化した形としては、次のようなものが考えられるのではないだろうか。

☆〔〇〇（＝相手）が、△△し〕ていただく。

ここでのポイントは、本動詞の部分（△△し）と授受関係を表わす部分（ていただく）を一体化した形で捉えるのではなく、少なくとも話者の意識においてはその両者の役割を分担し、本動詞の方は動作主としての主語との関わりだけを担うのに対して、授受表現の方は話者の心情や意識を全面的に担う、とするところにある。こうした、役割の「分担化」が可能だとすると、ガ格による動作主の明示と「ていただく」形との共起が単純なルール違反とはならず、とりあえずの説明が成立すると言える。ただしこの場合、「△△する」の主体として動作主を主語（ガ格）で明示することについては自然な形の描写であり、特に問題はないと考えられるが、授受表現を担う形式として、なぜ「てくださる」ではなく「ていただく」が採用されるのかという点については、依然として問題が残ることになる。

二・四　「てくださる」と「ていただく」の使われ方の実態

ここで、「てくださる」と「ていただく」の選択の問題に焦点を絞るために、自然な話しことばの資料における両者の使われ方の実態について、最近の状況を報告してみることにしたい。ここで調査の対象としたのは、次の三種類の資料である。

（ⅰ）「上村コーパス」――母語話者五十人に対するインタビュー実験データ（一九九六）
（ⅱ）『女性のことば・職場編』――現代日本語研究会編（ひつじ書房、一九九九）参照
（ⅲ）『男性のことば・職場編』――現代日本語研究会編（ひつじ書房、二〇〇二）参照

表５　各種コーパスにおける状況

	くださる		いただく	くださる		いただく
上村コーパス	15	：	62	*43*	：	*111*
女性のことば	12	：	71	*63*	：	*116*
男性のことば	4	：	51	*95*	：	*89*
計 （%）	31 （14.4%）	：	184 （85.6%）	*201* （*38.9*%）	：	*316* （*61.1*%）

調査の方法は、それぞれの資料から、インフォーマントが使用した「てくださる」と「ていただく」の変異形の全て（漢字表記のものも含む）を抜き出し、それらのうちで、もう一方の表現と入れ替えることが可能な場合（「くださる」⇔「いただく」）[10]を抽出して集計するというものである。理解のために、資料（ｉ）からその具体例を二つずつ挙げておこう。

「くださる」（⇔いただく）

・まあ、一本の方もいらっしゃいますし、こう、セットで買ってくださる方もいます。

・それで、ちょっとあのー、金額上げてくださったりするんですね。

「いただく」（⇔くださる）

・ええ、そうなんですね。やっぱり、そういう、（泳ぎを）教えていただくスクールに入らないと…。

・あのー、お子さん気に入らなかったら、返していただいて結構ですので。

その結果をまとめたのが、表5である。この結果からも分かる通り、両者が入り得る表現の場合に、「いただく」の方が遥かに高い割合で選択されていることが、実際の使用状況から見てとれる(11)。(なお、両者の総出現数も、表の右側に斜体で示しておく。)

二・五 「ていただく」が好まれる理由

前節で示した調査結果からも分かる通り、話しことばでの「てくださる」と「ていただく」の両者が入り得る状況において、「ていただく」の方がかなり高い割合で選択されていることは確かである。ではそうした傾向は一体何処に由来するのだろうか。筆者はその根源を、相手となるべく直接的な関わりを持たない形で人間関係を維持してゆきたいというミーイズム的な心理が、無意識のうちに関わっているのではないかと考える。

「てくださる」という表現は言うまでもなく「相手が」何かをするのであり、直接相手と関わってゆく感覚を抱きやすい表現である。一方、「ていただく」の方は、基本的に自分の側の問題であり、とりあえず相手とは直接関わらないで済む感覚を表すものである。何かを送ってくれた相手にお礼を表現する場合でも、「送ってくださり…」と表現すると頭の中には相手の姿が浮かぶ可能性が高いのに対し、「送っていただき…」と表現すると頭の中に相手の姿が現れる必要はない。知人たちの意見でも、最近は何となく「送って(or お送り)くださり」の方が使いにくくなっているという声が多いが、そうした印象の背景にはこうした心理が影響しているのではないかと考えられ、とりあえず相手に直接言及しない表現形式(12)である「送っていただき」の方が選択され易くなっているように思われる(13)。

近年「○○（＝相手）が、△△していただく」表現が好まれつつある背景には、こうした状況において心理的に「てくださる」が使いにくくなっているため、それに替わって「ていただく」を使用することにより、自身の側で感じる「ありがたさ」だけに焦点が当てられて、相手側と直接関わる（意識を持つ）ことなく事態を終了させることが可能となるというところに問題のポイントがあるのではないかと推測される(14)。

二・六　授受表現全体の体系との関わり

ここで改めて、日本語における授受表現全体の体系との関わりから今回の現象を考えてみることにしたい。日本語の授受表現は基本的に、「授受動詞」とも呼ばれる七つの動詞や補助動詞による物や恩恵のやりとり（授受）に関わる表現であり、それらの関係は簡単には一・五で掲げた図4のような形でまとめられる。また、授受表現について語る場合に往々問題となる、立場や視点の観

	やる／あげる	くれる	もらう
与え手	主語		目的語
受け手	目的語		主語
視点	主語（与え手）	目的語（受け手）	主語（受け手）

図５　授受動詞と視点

点を加えると、図式としては図5のようになる(15)。そして、Yamada（一九九六）山田（二〇〇一）によれば、世界の言語の中でもこれだけ多様な授受表現の体系を持つ言語は日本語以外に存在せず、特に「くれる」（敬語形では「くださる」）の存在に特異性が際立つという。

さて、前節までに検討してきた最近の変化の方向を、全体の体系との関わりという面から考えてみると、世界的に見てもかなり複雑な体系における、単純化への一つの兆しとして位置付けることはできないであろうか。特に、「くれる・くださる」の特異性が際立つものだとすると、そうした特殊な存在の一部に対して「いただく」が入り込んでいこうとする傾向が窺えるのは、注目に値するように思われる(16)。

今後の展開については予断を許さないが、一見「誤用」としか位置付けようのないこの現象についても、使用者の意識や体系全体の状況を勘案することにより、異なった観点から光を当てて、その意味を再評価することが可能となるのではないだろうか(17)。

注

（1）ここで中心的に扱いたいのは、補助動詞形である「〜てやる」「〜てあげる」の場合であるが、本動詞の場合と一々区別をつけるのは煩瑣になるので、全体としては「やる」「あげる」と表記しておくことにする。

（2）「上村コーパス」とは、ＯＰＩ（Oral Proficiency Interview）のテスターが、日本語母語話者と非母語話者の計百人に行なった、約十五分間ずつの日本語ＯＰＩの文字化テキストを収録したものである。資料としては、CD-ROMで配布されたものとホームページ上で公開されたもの（http://www.env.kitakyu-u.ac.jp/corpus/）とがあり、ここでは後者を調査対象とした。

（3）「名大会話コーパス」とは、二名から四名の話者による親しい者同士の雑談を収録・文字化したもので、二〇〇七年現在、その内の約六十時間分が「茶漉」の検索対象となって公開されている（http://tell.fll.purdue.edu/chakoshipub/meidai-chuui.html）。

（4）ただし、この問題の意図を回答者に探られないために、この質問の前後にダミーとして、「ラ抜き」などについて尋ねる同形式の質問（空欄補充式）を置いている。

（5）この合計の数（百十四）には含めていないが、アンケートを実施した授業にたまたま参加していた、交換留学生としての日本語学習者七名（韓国・台湾・インドネシア＝各二名、中国＝一名）は、いずれも空欄に「やり」「あげ」といった授受動詞ではなく、「なき（泣き）」「あい（会い）」「ふり（振り）」「いき（行き）」などの一般動詞を入れていた。日本語のレベルで言えば、〈中の上～上の下〉と考えられる学生たちだが、彼女らにとってこの文脈において、カッコの中に授受表現を記入するのはかなり難しいことなのかもしれない。（この事実自体、日本語の習得や産出の面から考えると、甚だ興味深い現象であるように思われる。）

（6）番組の放送時間は全体で三十分だが、そのうちのインタビュー部分は、約十分程度である。

（7）「～てやる」の二例は、次のようなものである。

・情報なんかを色んなところに配信して分かりやすくしてやると…。〔駐車場業〕

・今ほとんど、植えてやる木は、あのー、山から取らせた木を、植えとる。〔旅館業〕

（8）日本語教育の世界では最近、授受表現のことを表わすのに、（従来の「やりもらい」という言い方より）「あげもらい」と表現する場合が急速に増えているようである。また、「（て）やる」の使い方に関しても、人間を相手にした場合には使わない、という説明が一般的になりつつあるとのことである。

（9）佐竹（二〇〇〇）も短いコラムの中でこの問題を扱っており、「実際の使われ方を観察すると、「いただく」型のほうが好まれている」と述べている。また、筆者が最近収集した例には、NHKアナウンサーや学者たちによるものもある。

（10）この（「くださる」と「いただく」両者の）入れ替えについては、現在まさに「ゆれている」状況にあり、個々の文脈や個人個人の語感を考慮に入れると共通の基準を示すことが難しいと考えられるので、ここでは機械的に、動作主も受け手もその前に格表示されていない場合のみに限定した。

(11) また、今回試みに、NHK総合テレビにおける一日（二〇〇六年七月二四日）の全番組を対象として『二十四時間録画調査』とも言うべき出現調査を行なってみたところ、その結果は表6のようになった。

入れ替え可能な場合は、表5の場合以上に「いただく」に偏っていると言え、また総出現数そのものにおいても、両者にはかなりの開きがあることが分かる。

(12) 「～ていただく」の場合、「相手」は必須ではないニ格補語となるため。

(13) 前掲の佐竹（二〇〇〇）には、「「～くださる」は、相手がしてくれるという意味で、相手を中心に置いた表現。他方、「～いただく」は自分がしてもらうという自分中心の表現である」とある。

(14) 相手側と直接関わる意識を持つことなく事態を終了させるという点では、感謝表現の場合に、近年（「ありがとう」より）「すいません」の方がよく使われているという現象とも繋がりが感じられるが、それを具体的に証明することは難しいと思われるので、ここではそれを指摘するに留めておきたい。

(15) 図4・5は、ともに庵（二〇〇一）からの引用（一一五・一二〇頁）。

(16) 因みに、表5で挙げた三種類の話しことば資料において、今回対象とした（入れ替え可能な）場合以外の「くださる」の用例を調べてみると、その殆ど（約九十六%―百六十四／百七十）が「～（し）てください。」という、軽い命令や依頼を表わすものとなっており、この表現自体は頻繁に使用されるとしても、授受表現としての生産的な部分が弱体化の傾向（＝語彙化）にあることは否めないように思われる。

(17) 最近、テレビのニュース番組において、行方不明者探しにボランティアで協力している高校生の自然な発言の中で次のような例を耳にした。母語話者の若者によるこうした表現の

表6　「24時間録画調査」における状況

	他方と入れ換え可能	*総出現数*
くださる	9（8.7%）	*66*（*22.2%*）
いただく	94（91.3%）	*231*（*77.8%*）

今後の動向が注目される。

・（行方不明者が）一日も早く見つかってもらえればいいな、と思います。〔→てくれ〕

（二〇〇七年七月七日）

引用・参考文献

庵　功雄（二〇〇一）『新しい日本語学入門』スリーエーネットワーク

庵・高梨・中西・山田（二〇〇一）『中上級を教える人のための日本語文法ハンドブック』スリーエーネットワーク

井島正博（一九九九）「魚は三枚におろしてあげます」『日本語学』第一八巻第一四号

井上史雄（二〇〇七）『その敬語では恥をかく！』ＰＨＰ研究所

蒲谷　宏（二〇〇二）「「うちの子供におもちゃを買ってあげる」はおかしい？」『日本語学』第二一巻第一四号

北原保雄（二〇〇四）「猫に餌をあげる」『問題な日本語』大修館書店

――（二〇〇四）「いただいてください」（同右）

現代日本語研究会（一九九七）『女性のことば・職場編』ひつじ書房

――（二〇〇二）『男性のことば・職場編』ひつじ書房

佐竹秀雄（二〇〇〇）「卵をゆでてあげる」『サタケさんの日本語教室』角川文庫

――（二〇〇〇）「みなさんが付けていただく」（同右）

陣内正敬（一九九八）「自分をほめてやる？　あげる？」『日本語の現在』アルク新書

文化庁文化部国語課（一九九五、二〇〇一、二〇〇六）『国語に関する世論調査』（平成七年度、十二年度、十七年度）

村田美穂子（一九九四）「「やる・してやる」と「あげる・してあげる」」『国文学解釈と鑑賞』第五九巻第七号

山田敏弘（二〇〇一）コラム・対照研究（２）―授受の表現―（庵、山田他著『中上級を教える人のための日本語文法ハンドブック』スリーエーネットワーク）

――（二〇〇二）「「もらう」と「くれる」はどうちがう？」『日本語学』第二一巻第一四号

Yamada Toshihiro（一九九六）Some universal features of benefactive constructions『日本学報』第一五号

第五章　ナル的表現

この章では、日本語表現におけるナル的な性格の問題を取り上げる。

言語における「する」と「なる」の問題については、池上嘉彦氏による有名な『「する」と「なる」の言語学』があり、動作主を中心に出来事を描くのを好む傾向のある、英語などの「「する」型言語」に対し、日本語は、動作主を表に出さない表現を好む傾向のある「「なる」型言語」としてタイプ分けされ、言語間の対照やそれを含む文化の問題として論じられることが多い。

しかし、例えば日本語教育において、学習者による実際の作文などの産出結果を参照しながら振り返ってみると、日本語の表現の中にもスル的な事態と結びつきやすい、いわば「スル的な表現」と、ナル的な事態と結びつきやすい「ナル的な表現」の両者があることが分かり、それらの使い分けが学習上の一つのポイントになっていることに気付く。一では、日本語表現におけるそうした具体的なペアを提示して、学習者による不自然な作文を例に挙げつつ考察した先行研究を紹介する形で、この点について言及する。

一方、二と三では、より自然な日本語の表現を求める、上級・超級といった高次の学習者にとっても自由に使いこなすことが意外に難しい表現があり、それらは往々にして母語話者自身も普段はほとんど意識していない〝普通〟と思われる表現であるが、そのベースの部分にはやはり「ナル的な性格」が存在しているために、十全な習得の障害になっているらしいことを、作文などの実際の用例や使用者の（無意識の）意識を探ることにより、描き出してみたい。

具体的な対象とするのは、二では一般にト形ともよばれる条件表現の「〜と」接続文である。ここでは、先にこの表現に関する一般の文法書や日本語教科書の中での記述を確認し、また、この表現の使用や習得に関する（日本語教育の）教師や学習者の意識をアンケートやインタヴューによって調査した上で、学習者によるたくさんの誤用例を具体的に掲げる。そしてそれらの例の観察から、比較的容易に確認できる傾向を明らかにし、誤用への対処法としてこれまでほとんど提案されてこなかった新しい観点からの見方や指導方法を示すことにより、日本語教育という観点から見た「〜と」接続文に関する新しい位置付けを提案する。次に三では、たまたま行なわれた小規模な調査（アンケート）における小さな〝発見〟をきっかけとして、接続詞の選択のような場面においても使用者の無意識の意識といったものが反映される可能性があることを、「そして」の選択の問題に焦点を当てながら、追跡調査の結果と併せて紹介する。

一　「スル的な表現」と「ナル的な表現」

一・一　はじめに

「する」と「なる」の問題に関しては、池上嘉彦氏の『「する」と「なる」の言語学』を初めとして、言語類型論の立場から、「なる」型の言語、「する」型の言語といった分類がなされて、両者が対比的に論じられることが多い。しかし、日本語学や日本語教育の場面においてより問題となるのは、日本語自体の中に「する」的な要素と「なる」的な要素が含まれており、その両者の間の関係や使い分けがどのような状況になっているかという点であるように思われる。

こうした関心から、日本語学習者の作文に見られる不自然さの原因を探り、説明の原理をどう提示したらよいかを考えながら、一見さまざまに見える不自然さの根底に、「する」と「なる」の問題に関わる共通した文法的要因が存在することを明らかにしようとした試みに、中畠孝幸氏による「文法研究と日本語教育」（『表現研究』第七二号、二〇〇〇）がある。まずは、この論文で挙げられている具体例やその分析を要約しながら、全体の流れやポイントを把握してみることにしたい。

一・二 中畠（二〇〇〇）の見方

中畠（二〇〇〇）において、日本語学習者の作文によく見られる不自然さとして具体的なテーマとなっているのは、「ている」と「てある」、「はずだ」と「べきだ」、「ように」と「ために」、可能動詞になるか、という四つの点であり、実例として挙げられているのは次の四つの文である（1）。

（1）風を通すために、窓が開いている。〔→開けてある〕

（2）この時期、コスモスが咲くべきだ。〔→咲くはずだ〕

（3）文化大革命という運動が終わった以来、経済が高速的に発展できるためにいろいろな方針と政策を定められた。〔→発展できるように〕

（4）ポリ塩化ビニールは二〇〇℃で溶けられます。ペットボトルは溶けられません。〔→溶けます、溶けません〕

中畠氏が最初、分析の焦点とするのは動詞の意志性という問題であるが、後に次のように述べて、最終的には「する事態」と「なる事態」という点からの説明にポイントを移している。

これまで「ている」と「てある」、「はずだ」と「べきだ」、「ように」と「ために」、可能動詞表現、の四点について、動詞のもつ意志性と関連づけながら考察を進めてきた。それらの事柄について、日本語教育に有効な文法的説明を考える中で、「なる事態」「する事態」という捉え方を導入するのが有効であるという結論に達した。

一般に行われている捉え方と対比してみると、まず、自動詞・他動詞という分類は、何が自動詞で何が他動詞かという認定自体、学習者にとって（教授者にとっても）難しいし、自他の対応をもたない動詞の場合、自動詞か他動詞かの分類をすることにあまり意味を見出せない。次に、意志動詞・無意志動詞という分類も、個々の動詞を意志動詞か無意志動詞か見分けるというだけでは意味がない。ある動詞が意志的に使われたり無意志的に使われたりするのは、本稿でみた通りであり、重要なのは、話し手が事態を意志的な作用の伴うものとして捉えているか否かであるからである。

そういったことが、本稿で「なる事態」「する事態」という枠組みを提唱した理由である。

〔八頁〕

そして、こうした「なる事態」と「する事態」という考え方から、対象とした四つの具体的テーマ（用法）について個々にまとめた説明は、次のようなものとなっている。（引用文中の傍点は中畠氏による。）

（i）「結果に至る」ことを「なる」と言い、「作用を加える」ことを「する」と言い表すと、「ている」は「なる事態」の状態を表し、「てある」は「する事態」の状態を表すと言うことが可能である。「ている」と「てある」との使い分けが的確にできるかどうかの鍵は、表そうとしているのが、動詞の意志性に無頓着な「なる事態」なのか、意志性を伴う「する事態」なのか、見極めができるかにかかっていると言えるのである。

・「ている」……ある状態になったことを表す（結果に着目）

・「てある」……ある状態にしたことを表す（作用に着目）

（ii）（2）の（例の）「咲く」も、そのような事態が生じる、花がそのような状態になる、ということを表しており、そのような事態を生じさせるという意志性をもっていないから「べきだ」は付かないのだと説明できる。〔中略〕

「はずだ」の前には「なる事態」が、「べきだ」の前には「する事態」が来ると考えるのである。

・「はずだ」……「そうなるのが当然」という必然性を表す

・「べきだ」……「そうするのが当然」という妥当性を表す

（iii）「ように」はある結果になること、その様態に至ることを目指して行為を行う場合に用いられるため、「なる事態」に付く。一方、「ために」は意志的な目的を直接表すので「する事態」

に付く。そのような説明が分かりやすいであろう。
・「ように」……「～なる」という結果を見越した目的を表す
・「ために」……「～する」という意志を伴う目的を表す

（iv）ここで用いられている動詞（「とどく」「はいる」「つく」など）はいずれもある結果に「なる」ことを表し、それが結果として既に可能の意味を帯びており、改めて可能動詞の形にはしない。可能動詞というのは、あることを意志的に「する」のが可能であることを表すと考えられるから、もとになるのは、意志的な作用を表す動詞のみということになる。〔中略〕ここにおいても、やはり「なる事態」と「する事態」の区別が重要となる。可能動詞を用いるのは「する事態」を表す場合であることが分かれば、先に見たような不自然な表現は少なくなるはずである。

そして、この論文の最後は、「本稿で用いた「なる事態」「する事態」という枠組みを、さらにどれだけ広く日本語文法の説明に援用できるかを考えるのが、これからの課題である。」と結ばれているのである。

一・三　「なる事態」と「する事態」の広がり

話が前後する形になるが、中畠氏は前掲論文の「はじめに」の部分で、次のようにも述べている。

日本語教育に有効な文法研究とは、端的に言えば、菊地（二〇〇〇）が述べるように「良質の記述的研究」ということに尽きるであろう。たとえ、学習者が日本語を母語とするか否かで国語教育・日本語教育という区分ができるとしても、文法研究における研究対象は一つであり、記述方法も、特に日本語教育向けといったものは無いと言えるであろう。

しかし、そうは言っても、外国人学習者の日本語の不自然さが生じるわけを検討してみると、日本語のある種の文法的な特性（及び学習者母語の特性とのずれ）に由来する場合が多く、その不自然さの修正に当たっては、日本語教育に合った文法分析の視点が必要となるのではないか、と感じるのも確かである。〈三頁〉

筆者の印象からすると、学習者のレベルが比較的低い場合はあまり問題にならないが、上級から超級へといった、より高次なレベルになればなるほど、或いは、学習者がより自然な日本語の表現を求めようとすればするほど、後者の問題は大きな課題として立ち塞がって来るもののように思われる。

また、これも筆者の経験によるのだが、そうしたほとんどの場合において、日本語における「ナル的な事態」の方が、学習者にとって自然な形で受け入れづらい表現形式となっているようである。

中畠（二〇〇〇）で挙げられているのは、日本語教育の現場などでは比較的よく知られている例(2)とも言えるが、それら以外にも、日本人（母語話者）自身が普段意識していない、一見何の変哲も無い日本語の表現の中に、レベルの高い者も含めた学習者たちが理解したり産出したりするのに意外な困難を伴う、ナル的性格を持つ日本語の表現がまだまだ存在しているのではないだろうか。

これに続く二と三で取り上げる、接続助詞の「…と、」や接続詞「そして」の場合も、主に文章理解の面から、一般には条件表現としての特性や前件と後件の関係性の点が問題となることが多いが、それらとは視点の異なる、学習者による産出の面から状況を観察し直してみると、そうした表現形式のベースに存在すると見られるナル的な性格の問題が浮かび上がってくるように思われるのである。

二　日本語教育における「〜と」接続文の位置付け

二・一　はじめに

・春になると、桜が咲く。
・その角を右に曲がると、郵便局が見えます。

といった例に代表される、接続助詞「と」を仲介として成立する複文（以下では、便宜的に〈「〜と」接続文〉と呼ぶ）は、日常でもよく用いられ、条件を表す文の一つとして扱われるのが一般である。日本語教育においても、むろん重要な表現として取り上げられるが、その位置付けに関して、些か検討すべき余地があるのではないかと筆者は考えている。以下ではこの点について、さまざまな角度から考えてみることにしたい。

二・二　「〜と」接続文の位置付け

この節では、性格の異なるいくつかの資料を観察しながら、「〜と」接続文が、一般にどのように位置付けられたり意識されたりしているかということを、さまざまな角度から検討してみることにする。

(1)　一般的な文法書

まず、一般的な文法書における場合を見てみる。調査の対象としたのは、日本語教育の関係者から参照されることが多い、益岡隆志・田窪行則共著『基礎日本語文法—改訂版—』(くろしお出版、一九九二)、及び、その後出版された文法解説書である、森山卓郎著『ここからはじまる日本語文法』(ひつじ書房、二〇〇〇)、庵・高梨・中西・山田著『初級を教える人のための日本語文法ハンドブック』(スリーエーネットワーク、二〇〇〇)、の計三冊である。

『基礎日本語文法—改訂版—』では、第Ⅳ部複文の第二章副詞節の中の五節「条件・譲歩を表す副詞節」で取り上げられている。関連部分のみ抜粋して引用する。

一　条件の表現は、ある二つの事態間の依存関係を表す。〔後略〕

二　条件の表現は、ある事態と別の事態との依存関係を表す。この依存関係には、法則的なものと偶有的なものとがある。

〈中略〉

偶有的な依存関係を表すものには、「述語の基本形＋「と」」（以下、ト形）と述語のタ系条件形（以下、タラ形）がある。このうち、ト形は、話し手が事実として認識している依存関係を表す。


例（39）この商品は、涼しい季節になると売り上げが落ちる。

〈中略〉

〈注4〉ト形とタラ形は、既に成立した個別的事態についての依存関係を表すこともできる。
（ロ）花子は、家に帰ると、すぐに友人に電話をかけた。

次に、『ここからはじまる日本語文法』では、第七章複文構造の中の［5］条件文で取り上げられている。ここでも関連部分を引用してみる。

ある出来事を仮定して、その条件のもとでどのような帰結があるかを言う文を条件文と呼ぶ。
例えば、
水が百度になる→気体になる：水は百度になれば気体になる。

という構造は、条件文である。

日本語では、条件文は次のように、「と／ば／たら／なら」で表される。

水は百度に｛なると／なれば／なったら／なったなら｝気体になる。

「と／ば／たら／なら」にはさまざまな使い分けがある（後述）。

〈中略〉

「と／ば／たら／なら」の使い分けには、後件にどのような性質の文が来るかという要因もある。例えば、

＊雨が降るとこの傘を差しなさい。

と言うことはできない。「と」は文末に命令形や意志形が来ると使えないのである。この点、「たら」「ば」「なら」は後件が命令文でも言える。

また、『日本語文法ハンドブック』では、第Ⅰ部§24　複文と接続詞（4）―条件―で、比較的詳しく触れられている。このセクション冒頭の説明、及び、「一．～と」の中の基本部分を引用してみる。

ここでは次のような表現を扱います。

・条件を表す従属節　　～と、～ば、～たら、～なら

・条件に関連する接続詞　　すると、それなら、それでは、では

条件とは、二つのことがら（前件と後件）の依存関係、すなわち、後件が前件に依存して起こるという関係を表すものです。

（1）携帯電話が｛あると／あれば／あったら／あるなら｝、いつでも連絡できます。

条件の表現に関して難しい点は右の四つの接続形式の使い分けなので、以下ではこの点に重点を置いて条件の表現を見ていくことにしましょう。

一．〜と

（1）三月の後半になると、桜が咲き始めます。

（2）毎朝起きると、紅茶を一杯飲みます。

（3）お金を入れてボタンを押すと、切符が出てきます。

【これだけは】

〈接続〉辞／否　＋と

◆「〜と」の基本的な用法は反復的・恒常的に成り立つ依存関係（Pが起これば通常Qが起こるという関係）を表すものです。自然現象（（1））や習慣（（2））、機械の操作と結果（（3））などがその典型的な例です。

◆「〜と」は反復的・恒常的な依存関係を表すのが普通なので、後件に意志や希望・命令・依頼などの表現が来ることはありません。

（4）a．×桜が咲くと、花見に行くつもりだ。

b. 桜が咲いたら、花見に行くつもりだ。

(5) a. ×食事ができると、呼んでください。

b. 食事ができたら、呼んでください。

以上、三種の本の記述をまとめてみると、説明の仕方や用語の使用は（当然）異なるが、三冊とも複文の中の「条件を表す文」の一つとして取り上げ、「〜ば」「〜たら」「〜なら」の文と対比させる形で説明がなされていることがわかる。

(2) 日本語教科書

次に、実際の日本語教科書における扱いを見てみる。調査の対象としたのは、『日本語文法ハンドブック』において巻末で「主要初級教科書」として取り上げられている、A：スリーエーネットワーク編『みんなの日本語初級Ⅰ』、B：国際学友会日本語学校編『進学する人のための日本語初級』、C：国際交流基金日本語国際センター編『日本語初歩』、D：文化外国語専門学校編『新文化初級日本語Ⅰ』、E：東京外国語大学留学生日本語教育センター編『初級日本語新装版』、の五種類である。（なお、中で挙げられている具体的な例文については、後に分析の対象とするので、ここで取り上げるのは、それぞれの文法説明や教師用指導手引きの部分である。）

A：『みんなの日本語初級Ⅰ』第23課〈教え方の手引き〉
V辞書形＋と、〜
ある事柄が起こったり、ある動作が行われると、必然的に別の事柄や動作が続いて起こることを表す文型である。この課では「物の使い方」「道案内」の表現を中心に学習する。「〜ないと、〜」はこの課では練習しない。
導入　V辞書形＋と、〜
展開　〜と、〜があります

B：『進学する人のための日本語初級』第18課〈教師用指導書——一部省略〉
前件が成立することによって、後件が自動的に、自然に成立することを表す言い方。「と」はいつでもそうであるという場合に使い、過去や未来の一回限りのことについて言うのではない。前件は動詞文、形容詞文、名詞文のものがあるが、いずれの場合も、前件の述語を「現在形の普通の形」にし、「と」を付けて、後件を続ける。後件も現在形を用いる。前件と後件の主語が違い、前件の主語を言う必要がある場合は、「が」で表し、「は」を使うことはない。
例　○田中さんが来ると、パーティーが賑やかになります。
×田中さんは来ると、パーティーが賑やかになります。

後件には話し手の意志、希望を表したり、聞き手に命令、勧誘などの働きかけをしたりする言い方は用いられない。

例　×冬になると、北海道へスキーに行くつもりです。

×冬になると、北海道へスキーに行きませんか。

C：『日本語初歩』第26課〈日本語初歩　改訂文法説明〉

「Vると　～」

「と」は接続助詞で、「前文の動作や状態があった場合に後文の動作や状態が実現する」という意味を表す。これは過去についても言えるが、後文に「～てください」「Vたいです」など話者の意志を強く表す文は続かない。

D：『新文化初級日本語Ⅰ』第12課〈教師用指導手引き書〉

・条件法の「～と」を学習する。

・条件法の「～と」の用法は多く、初級の段階で一度に学習するのは難しい。そこで、ここでは「コーヒーに砂糖を入れると甘くなります。」「夏になると暑くなります。」のように、前件が成立するとその結果、後件で述べる事柄が自然に引き起こされるものだけを学習する。

・「て形」による接続との違いをわかりやすく理解させるため、ここでの「～と」は次の二つの条件を満たすものに絞って取り上げた。

（１）「いつでも前件が成立すると、後件が引き起こされる」というような一般的な事柄を表す。

例　薄切りの牛肉を長く煮ると、固くなります。

（２）後件にくるのは自然に引き起こされる事柄で、前件の主体がその事柄を操作することはできない。これをわかりやすくするため、ここでは前件と後件の主体が同一ではない表現のみを取り上げた。

例　（私が）コーヒーに砂糖を入れると、（コーヒーが）甘くなります。

・「（誤）砂糖を入れて甘くなります。」のような混同に対しては、次のような例文を示すとよい。

例①　（私が）コーヒーに砂糖を入れて、（私が）飲みます。

例②　（私が）コーヒーに砂糖を入れると、（コーヒーが）甘くなります。

E：『初級日本語　新装版』

（特に説明はなし）

Eに説明が見られないのは残念だが、A〜Dの基本的説明は、前件と後件の間に「必然的」「自動的」「自然」な関係が存在するという点で、大体共通しているものと言える。条件の表現とはっきり記しているのはDだけだが、それぞれの教科書の配列順序から見ると、A・B及びEでは、次（或いは、次の次）の課で、「〜たら」が取り上げられており、類似する表現として意識されていることがわかる。また、文を作る上での注意点としては、B・Cに共通なものとして後件のモダリティ制限が挙げられていること、及び、Bに前件と後件の主語とそれに付随する助詞の問題が挙げられていること、Dに「て形」との違いが説明されていること、が注目される（3）。

(3) 日本語教師

次に調べてみたのは、「〜と」接続文に対する日本語教師たちの一般的な意識である。ここでは、彼（女）らの（知識というより）一般的な意識を聞くために、狙いを知らせずに、面談あるいは記入式のアンケートを行なった。そうした趣旨から、できるだけ民間の日本語学校に勤める、経験三年以上の教師に依頼し、合計十名から回答を得た（4）。

その結果から、「〜と」接続文に対する日本語教師の一般的な意識をまとめてみると、その意味や位置付けについては、既に挙げた、一般的な文法書や教科書の説明とほぼ同様で、「〜たら」他の条件を表す文の一種として意識されており、その中では、「必ず」「自然に」といった必然性の強い場合や「すぐに」「続いて」といった連続的な動作を表現する場合に使われたりする、と考えられているようである。

なお、これは必ずしも全員に共通するということではないが、面談した人や「自由なコメント」を書いてくれた人に共通する意見としては、「と」「ば」「たら」（「なら」）の使い分けは、教師たち自身にとっても実はよく分からない部分が多く、その説明を避けたり省いたりすることも多く、たとえ説明してみたとしても、初・中級レベルの学生では、理解することは到底できないのではないか、とのことだった。

（4）日本語学習者

最後に、日本語学習者自身の「〜と」接続文に対する意識を調べてみた。内容は、基本的に前項の日本語教師に対して行なったものと同様である。ただし、この場合は記入式アンケートというわけにはいかないので、全て筆者が面談で行った。調査人数は合計十四名で、国籍は、韓国＝六、中国＝三、台湾＝二、モンゴル・キルギスタン・アメリカ＝各一、学習者のレベルは、OPIテスターを含む複数の日本語教師と共に判断した結果、超級＝二、上級の上＝二、上級の中＝四、上級の下＝三、中級の上＝三で、いずれも日本の大学の学部生か、あるいは、大学院の院生または研究生である。

その結果を、回答者たちの自由なコメントも含めて全体としてまとめてみると、基本的にはこれまでに挙げた文法書・教科書・教師の説明と合致する意見が多いが、「〜たら」は使える幅が広いとか、「〜ば」はことわざに多いとか、「なら」の前には名詞が来やすいといった、いわゆる使う（学習する）側からの実用的な意見が目に付いた。また、これらの（いわゆる、条件を表す）文の使い分けについては、回答者のレベルを問わず、本などの説明を見てもよくわからないとする者がほとんどで、結局は、よく目や耳にして比較的自信の持てる形だけを実際は使っているというのが、大方の本音のようであった。

(5)　この節のまとめ

以上、(1)から(4)にかけて、日本語教育に関係する異なった四つの観点から「〜と」接続文の位置付けやそれに対する意識を調べてきた。ここで一応、その結果をまとめておくと、「〜と」接続文はいずれにおいても、広い意味での条件を表わす表現の一つと考えられており、その中では、比較的仮定性の弱い偶有的な状況を表わす場合に使われる表現として位置付けられたり認識されたりしていると言える。ただし、教育を行う上での目標や指針となる文法書や教科書の場合とは異なり、教育の実際の場に直接関わる教師と生徒(学習者)の立場からは、教師自身やかなりレベルの高い生徒にも、「〜たら」を初めとする類似する表現との用法の差異や全体的体系を把握することはかなり難しいと意識されていることが多く、教育現場への実際の適用や説明の仕方という点では、検討されるべき余地があるとも考えられているようである。

二・三　問題の所在

さて、前節で見てきたように、教育の現場での、言わば技術的な問題を除くと、体系全体での位置付けや意識については一見何の問題もないかのように見える「〜と」接続文であるが、「文法体系そのもの」における位置付けをひとまず措いて、あくまでも日本語教育という現実的な状況に限ってその現状を見てみると、看過できない大きな問題が存在しているように筆者には感じられる。それを認識していただくために、（筆者自身の資料やデータはひとまず措き）既に発表されている一つの論文（及び、同一筆者のそれに関連する他の論文）を取り上げてみることにしたい。それは、『日本語教育』八四号（一九九四）に掲載された、吉田妙子氏による「台湾人学習者における「て」形接続の誤用例分析」である。

この論文で吉田氏は、台湾の四大学の日本語学習者の日本語作文五百六十四編（七十五人分）及び対話六十人分から得られた、合計千六百十一の「て」形の例を分析しているのであるが、氏の判定による誤用二百八十九例（全体の十七・九％）を十六のパターンに分類してみた結果、一番多かったのが、（b）継起の機能を持つ接続助詞についての混同、の中に分類される、⑤「て」→「と」（発見）の誤用で、五十五例（誤用全体の一九・〇％）であった。残念ながら、この論文及び、その姉妹編とも言える「「て」形接続の誤用例分析」（『台湾日本語文学報』第六号）を見ても、「と」形の誤用例については言及がないが、筆者自身の抱いていた印象にも重なる「て」→「と」の誤用（念のために言い換えれば、文の中で「〜と」を使うべき所に「〜て」を使ってしまった間違い）の多さは、傍証的なものではあるが、この吉田氏の膨大な調査の結果からもほぼ証明されているように思われる。また、吉田氏はこの論文の中で、この誤用が被調査者の中では「構文能力がある程度安定しているグループ」に集中しており、「それだけ習得困難な用法だと言える」と述べているが、この分析も、筆者のこれまで抱いていた印象と重なるものであった。

つまり、ここで結論的なものを先取りする形で述べてしまうと、少なくとも日本語教育や日本語の習得の現場においては、「〜と」接続文を条件を表わす表現の一つとして位置付ける以前に、継起表現の代表的な形式である「〜て」形との相違をはっきりと認識させ、その使い分けのルールといったものを、できるだけ分かりやすく且つ明示的な形で示してゆくことが大切なのではないかと考えられるのである。

二・四　学習者の誤用例の実態

次に示す三十九の文は、筆者が二種類の作文資料（5）から集めた、「て」→「と」の誤用と考えられる例である（6）。（なお、文意の理解のために、今回問題とするテーマと関係がないと考えられる部分での明らかな間違いなどについては、筆者による訂正を行なっている。）

(1) 私が左側の翼のちょうど上の席に座って、隣の席に同じ大学から来た人がいました。
(2) 私にとって、趣味というのは好きなことです。ですから、そういうふうに考えて、私の趣味は沢山です、
(3) しかし、教室に入って、練習の紙をもらって、皆の顔に同じ緊張が見えてきました。
(4) 地下鉄に坐っていて、色々な考えが出て来ます。
(5) 私がドアを開けて、「どうぞ、どうぞ」といって、おばあちゃんのにこにこしている顔が見えました。
(6) しかしあん（餡）を多く入れて、かわ（皮）がやぶけやすいです。
(7) 私が、「おばあちゃん、いつか暇があったら、私に花を教えていただけませんか」と伺って、おばあちゃんは「私は餃子より花のほうが上手だから、先生になろう」といいました。
(8) このように皆が心がけて、明るくて美しい社会が生まれるのです。
(9) 母国語との違いをつかんで、よく練習して、初めて外国語らしい発音ができるようになるだろう。
(10) 資料館に入って、中で展示している物を一一見て、心は重くなってしまった。
(11) 三十分ぐらい階段を登りつづけて、やっと立派に建てられた金毘羅宮が見えた。
(12) 帰ろうとしてもう一度桜を見て、その桜が私に手を振って別れを告げた。
(13) 帰途に友達と経験したばかりのことについて話して、不思議にも彼も正に私と同様の風に感

じていた。

(14) 壁から向こうの山を見て|、話の本にのった絵と同じ色の山でした。
(15) 私はどうしても、親から決められたルールの中に閉じこめられている子供を見て|、腹が立つ。
(16) それらの汚職事件を見て|、その発生する主な原因がいくつか上げられる。
(17) 今になって|、その質問の理由がなんとなく分かるような気がする。
(18) 大学生たちは激しい入学試験に合格して|、大学の四年間をリラックスして過ごす。
(19) 私がこの人と話した時、この人の瞳を見て|、本当に動きが早かった。
(20) ちょっと聞いて|、日本人さえも外来語に困るという。
(21) 彼は僕に会って|、すぐスーツケースを車にのせた。
(22) 朝起きて|、あたたかくて、一枚のセーターしか着なかった。
(23) 「雨が降ったらどうしようか?」と友達に話して|、「雨もまたいいじゃないか」と友達が言った。
(24) 赤ちゃんが生まれた後に赤い枕をおばあちゃんからもらって|、それは子供が元気に育てられるようにお祈りするという意味だ。
(25) その夜、また荒野に机をおいて|、机の上にはおいしい料理が並んでいる。
(26) 一年が経って|、家庭成員は各地から家へ帰って、家庭の暖かさを感じます。
(27) 十二時になって|、花竹につけて、みんな「あけましておめでとうございます」と言います。
(28) 最初に、すてきだと思ってタバコを吸いはじめて|、これを切るのがむずかしい。

（29）すばらしい映画とえらい俳優や監督に会って|、彼らに質問する機会があるかもしれない。
（30）しかし、昔とくらべて|、この頃はお正月に故郷へ行く人が少ない。
（31）一人一リットル煙を放して|、十万人が考えられます。（意味不明瞭）
（32）一日がおわって|、その時たくさんおいしい食べ物と飲み物を作ったり、買ったりはじめます。
（33）「なぜたばこを吸う?」と聞いて|、「仕事でストレス」と答える人が多いです。
（34）それを守って、ラマダンが終わって|、シャワルという月になる。
（35）ラマダンがおわって|、ハリラヤがきます。
（36）子供の頃、毎年のお母さんの式に参加して|、いつも子供がお母さんを抱いて泣いた。
（37）伝統は人々の生活を表わし、それを見て|、人々が分かるようになります。
（38）若い人が年をとった人に水をかけて|、年をとった人は祈りをくださいます。
（39）それから、親類からもう一度お祝いを受けて|、ゴンジュクの行事が終ります。

さて、一見多様で、共通性のないように見えるこれらの例であるが、少し気を付けて見てみると、このレベルの作文を書くことができる学習者自身にも、凡そ理解できると考えられる大きな共通点がある。それは、前件と後件の主語（主体）の相異ということである。この三十九の例の中でも、（18）と（21）の二つを除く三十七例（九四・九％）がそのパターンとなっている。中でも、（1）（7）（13）（20）（23）（33）（38）などは、前後件の主語が共に人間で、しかもほとんどが自明のものか明示されているものなので、主語の相異がかなり分かりやすくなっている例と言える。もう一つ気が付くことは、後件の述語が、「見える」「なる」といった自動詞や名詞・形容詞類になっている場合が多い、ということで、この三十九例の中では、三十一例（七九・五％）がその形になっている。ただしこちらは、前記の一つ目の特徴と比べると、その割合が少し低いし、性格の判断の仕方という点でも、紛らわしい部分が多いのは確かである。

二・五　「〜て」接続文と「〜と」接続文

さて、「〜と」接続文が持つ継起表現的な性格については、純粋に文法的な観点からも、古くは次に挙げる佐久間鼎氏の説に「〜と」接続文の中心を継起表現と考える見方があるし、その後の多くの研究者のうち、管見の限りでも、鈴木忍、久野暲、豊田豊子、蓮沼昭子、庵功雄その他の諸氏は、同様の観点から「〜と」接続文を捉えてもいると考えられる。

以上の例を通覧すると、多くは一方の事がらが、他方の事がらと偶然同時に存立するといふだけのことを述べてゐます。まだ条件とその結果といふやうな、前件・後件の間の特定の関係を表現するものでなくて、単に同時性を表示するのにとゞまる場合が多いのです。とくに動作、変化をあらはすやうな事がらについては、むしろ継起の関係を示すことになります。さうして、条件となるやうな関係をあらはすにしても、ごくあつさりいひのけるといふ趣があります。

〔『現代日本語法の研究』三六一頁〕

そして、吉田妙子氏を含む前に挙げた諸氏や、さらに他にも多くの研究者が、「〜て」形と「〜と」形の差異について盛んに論じている。しかし以下では、一部の人のものを除いて、それらの議論に言及することはしない。その理由は、それらの研究を無視しようというのではないが、そうした研究のほとんどが、両者の持つ意味や内容の違いを表わそうとしたもので、一つ一つの研究についてはそれなりに納得できる部分があり、複数のものに共通する性格も見られるが、そうした説明は、いわゆる「分かる人（母語としている人）には分かるが、分からない人（学習者）には多分分からない説明」の類いであるように筆者には思われるからである、また、一旦そうした議論に入り込んでしまうとそこから抜け出ることが出来なくなる心配があるので、今回は、両表現の持つ意味や内容の違いについては敢えて立ち入らず、異なった観点からの（言わば、形態面からの）分析に限って考察を進めてみることにしたい。

以上述べたような経緯から、以下で更に検討してゆきたいのは、二・四に示した誤用例に共通した特徴と考えられる、次の二点についてである。

a　前・後件における主語（主体）の関係（同一か、異なっているか）

b　後件における述語の性格

表１　「〜て」の場合　　（　）内は％

	例文数	同主語	異主語	後件述語		
				他動詞	自動詞	形容詞類
A	16	16	0	7	9	0
B	15	14	1	5	10	0
C	23	22	1	13	10	0
D	11	11	0	6	5	0
E	11	11	0	5	6	0
計	76	74（97.4）	2（2.6）	36（47.4）	40（52.6）	0（0.0）

表２　「〜と」の場合　　（　）内は％

	例文数	同主語	異主語	後件述語		
				他動詞	自動詞	形容詞類
A	21	3	18	0	18	3
B	23	1	22	0	16	7
C	7	0	7	0	7	0
D	5	0	5	0	5	0
E	22	5	17	0	19	3
計	78	9（11.5）	69（88.5）	0（0.0）	65（83.3）	13（16.7）

(1) 日本語教科書の場合

ここでは、日本語におけるそれぞれの用法の典型的な例が挙げられることが多いと考えられる、日本語教科書における掲出例の場合を調査してみることにしたい。調査の対象としたのは、二・二の（２）で挙げた五種類の教科書とそれに対応する問題集や解説書の「〜て」接続文と「〜と」接続文の各導入単元（課）に、文例の形で示されている例(7)で、そこにおける前・後件の主語の関係と後件述語の種類を調べた結果が、表１・２である(8)。

この結果から見ると、一般的に言って、前・後件の主語の関係は、「〜て」の場合と「〜と」の場合とではっきりとした対照を示していると言え、〔同主語＝テ形：異主語＝ト形〕という単純な方法でも、かなり有効な使い分けのルールになり得る可能性が考えられる。

一方、後件の述語については、「〜と」の場合には、自動詞や形容詞類に偏る(9)というはっきりした傾向が見られるが、「〜て」については特に偏りは見られない。両方の場合を綜合すると、後件の述語が他動詞の場合はほとんど「〜て」形であるということが、一応の目安として想定できそうである。

(2) 国語教科書の場合

今回、日本語学習者の誤用例に見られた二つの傾向（特徴）については、実は、日本語教育や習得の問題と関わるものではないが、（部分的な差異はあるにしても）既にはっきりと指摘している研究がある。それは、『大谷女子大国文』の第一四号と一五号に続いて発表された、野村剛史氏による「「ト、テ、タラ」について」（一九八四）と「「て」、連用形、「と」の分布」（一九八五）である(10)。尤も、野村氏自身も、特に前者論文においては、ト、テ、タラの「意義」を明らかにすることを中心にして考察を進めており、その探求・分析の方法としていくつかの条件を挙げているが、前者の後半から後者論文にかけて、その中の一部分に徹底的に拘っていくまさにその方向が、日本語学習者による多くの誤用例から感じていた筆者の印象と、深く共通しているのである。紙幅の都合もあるので、後者論文の中から、そのポイントとなる部分を引用してみる。

「て、連用形、と」などの接続形式を考察する際、これらの諸形式と最も密接に関係を結ぶ要素は、これらの形式の直前に位置する各種の用言類である。これらの用言の文法的性格は、それらが動作性のもの（動作性の動詞）であるか、状態性のもの（状態性の動詞、形容詞、名詞述語）であるかによって、最も基本的に分割される。

〔中略〕

もう一つ、各種の接続形式を考察する際に注意を払わねばならない文法的環境として、当該接続形式の前件と後件の主語の問題がある。前件と後件の主語が、すなわち動作や状態の主体が同一であるか相異しているかは、その接続形式の文法的性質を解釈する上で重大な意味をもつのである。「て、連用形、と」などの形式は、いずれも時に前件・後件の主語が同一であったり、時に相異していたりするという相反する環境のそれぞれに現れる訳であるが、その分布の全体的な有様は、やはり「て、連用形、と」の性格の違いによってもたらされるものと、考えられるのかも知れないのである。

さて、各接続形式直前の用言の文法的性格、主語の同一・相異の二点に着目して、「て、連用形、と」の分布の姿を示したものが、（次の）三表である。

〔野村一九八五、一五頁〕

表３　「て」　（用例総数 500）

	動作性	状態性	であって	計
同主語	439	16	6	461（92.2）
異主語	28	7	4	39（ 7.8）
計	467 （93.4）	23 （4.6）	10 （2.0）	500

表４　「と」　（用例総数 200）

	動・動	動・状	状・動	状・状	計
同主語	56	4	1	0	61（30.5）
異主語	80	47	10	2	139（69.5）
計	136 （68.0）	51 （25.5）	11 （5.5）	2 （1.0）	200

この後者論文において野村氏が調査の対象とした資料は、当時の高校の国語教科書三冊で、そこから採集した、「て」＝五百、連用形＝三百、「と」＝二百の用例が分析の対象となっている。連用形の分は措いて、「て」と「と」の結果を表の形のまま示し（「表3」と「表4」）、この後に続けて、それぞれのまとめの部分を引用してみよう。

「て」による接続がもつ顕著な特徴は、前件、後件の主語の同一性である。「て」はまず第一に、同一主語の前件と後件を接続する形式なのである。とりわけ「て」の直前の用言が動作性のものであるとき、「て」が前後件同一の主語を好む傾向は、より強力なものとなる。（一五頁）

「と」の分布上の特徴は、主語が前後件相異する場合の卓越である。これは「と」が連続して生ずる事態を表し、特に原因、理由、条件などを表す訳ではないと考えられるだけに、注目すべき現象と思われる。恐らく相異する主語を持つケースが多いということは、連続する事態が、二事態としての切れ目ないし場面の転換性を強くもっていることの、分布面における一つの現れであろう。〔二二頁〕

二つの表とその結果に対するまとめの部分からも明らかなように、国語教科書の一般的な文章においても、前・後件の主語の関係は、「〜て」の場合と「〜と」の場合とでかなりはっきりとした対照を見せていることがわかる。「〜と」における異主語の六九・五％という数字は、前項で挙げた日本語教科書の例文における八八・五％という数字と比べるとある程度低くなってはいるが、「て」における異主語の七・八％という数字と併せて考えてみると、重要な指標として働くことが充分に予想できるのである。

他方、野村氏は（後件ではなく）前件の用言の性格に注目しているが、この二つの表から見る限りでは、「〜て」の場合と「〜と」の場合とでほとんど差は見られない模様である。また、（前件の方に注目しているために）後件の述語（用言）に関するデータはないので、この点については不明である。

二・六　日本語教育における「〜と」接続文に関する提案

以上見てきたように、学習者のレベルに係わらず（あるいは、割合の点から言えば、むしろレベルの高い場合の方に）継起の「〜て」との誤用が広く認められて、意外にその習得が難しく、しかも一般的に考えて必ずしも使用頻度が低いとは考えられない「〜と」接続文について、従来とは異なる位置付け（あるいは、認識）という点から現実的問題を考えてきた。「〜と」接続文が本来共に持っていると考えられる条件性と継起性について、この形式の本質をどちらに見るかという問題は、大いに議論があるところだろうし、必ずしも筆者がよくするところではない。しかし、二・二の中の日本語教師自身や日本語学習者の意見などからもわかるように、「ば／たら／（なら）」との相違の説明がなかなか一筋縄では行かず、且つ、現実においてそれがさほど有効性がないものとするなら、「〜と」接続文を条件を表す表現の一つとして位置付けることは、少なくとも日本語教育の世界においては、あまり利益のない立場と言わざるを得ない。一方、文法研究者自身の中にも少なからぬ賛同者があり、そうした見方を取ることが学習者自身にとって大いに利益があるものだとすれば、日本語教育の世界においては、「〜と」接続文をひとまず継起表現を担う形式であると位置付けた上で、そちらの代表的な形式である「テ形」との違いや注意点を丁寧に説明する方が、理に叶った考え方だと言えるのではないだろうか(11)。

これまで見てきたように、「〜て」接続文との使い分けという点から「〜と」接続文の特色としてまず注目されなければならないことは、言うまでもなく、前・後件の主語の相異ということである。学習者自身にも理解できる範囲で、前件と後件の主語が明らかに異なっている継起的な表現の場合は、両者を「〜と」で接続すれば、とりあえずそれだけで、誤った表現となる確率はかなり低下してゆくものと予想される(12)。次に注意すべきは後件の述語である。こちらについては、主語の相異の場合ほど明確な形で示すことは難しいが、統計的な面から考えて、他動詞が来る場合にはなるべく「〜と」形は避け、一方、述語に「なる」「ある」「見える」などといった自動詞や形容詞類が来るときには「〜と」形になる場合が多いということを学習者に意識させれば、この点でも誤った表現を作る確率が低くなることは間違いないように思われる。

そもそも筆者の印象では、「〜と」接続文のポイントは、後件におけるナル性にあるのではないかと思う。アンケートに応じてくれた日本語教師の何人かは、この表現を教える時、「〜すると、どうなりますか?」という形で練習すると語ったが、これこそまさに、無意識のうちにその本質を捉えた教え方になっているのではないだろうか。「〜と」接続文の本質が、言わば他力的・受動的なナル性にあるとするなら、往往指摘される特徴である、後件に「意志」「命令」「希望」「勧誘」といった人間の意図を示す表現(=スル性)が馴染みにくいということは、至極当然の帰結であると言えよう。

二・七　おわりに

以上述べてきたところは、二・四にまとめて示した日本語学習者による誤用例を除くと、特に目新しい内容を含むものではないことを、筆者自身も自覚している。ただ、これまで、日本語教育の現場において、教師や学習者たちが、自身でも何となく納得がいかないままに説明したりされたりしていたのではないかと思われる事柄について、思い切って、その「何となく納得がいかない」こと、言い換えれば「無意識の思い込み」のようなものから自分たちを解放し、現実（つまり、実際の誤用例）をシンプルに見るところから、新しい見方や方法を獲得できるのではないかという観点から、敢えて文法的な「常識」のようなものに挑戦してみようとしたものである。

今回取り上げたテーマに関する疑問や関心は、留学生たちの作文を添削する授業を担当していた、かなり以前からのものだが、筆者自身が、敢えて今回のような立場に立って考えを進めてみようとした背景には、多分、一九九九年五月、千葉県柏市の麗澤大学で行なわれた平成11年度日本語教育学会春季大会のシンポジウム「日本語学習者の文法習得」があることは間違いないように思う。従来から一部では言われていたことであろうが、「日本語学習の中間段階で現れる「誤り」を「学習者独自の文法」として積極的に捉える」という姿勢が、単なる「姿勢」としてのみではなく、具体的なデータと共に示されるのを見た時、筆者自身の頭の中でも、それまで何となく辺りを覆っていた雲の固まりが、いつの間にかスーッと消え去っていったのではないかと思う。

その後（二〇〇一年）、この時のシンポジウムの精華をまとめた、同じ題名の本『日本語学習者の文法習得』が出版された。今後もこうした立場からのアプローチや研究が、新しく研究に携わろうとする人々からのものも含めて、ますます盛んになってくれるよう期待したい。

三　接続詞「そして」の選択

三・一　はじめに

これは、日本語母語話者と日本語学習者（中・上級）の両者を対象として行なったささやかな調査（アンケート）から得られた、接続詞の選択における意外に興味深い結果を紹介するものである。ただし、そうした調査を行なうことになったのには偶然とも言える一つのきっかけがあるので、些《いささ》か長くなるが、それを先に紹介することにしたい。

三・二　調査の経緯

少し古いものではあるが、『日本語学』第二巻第一二号（一九八三）掲載の宮地裕「二文の順接・逆接」の中に次のような文章がある。まずそれを引用してみよう(13)。

＊　＊　＊

小学校五年生の国語のある教科書に、こういう教材の文章がある。

文のつなぎ方

一　文をつなぐ言葉

苦しいレースを走りぬいて、三位に入ったとき、その人が、「ああ、よかった。うれしい。」と思うか、それとも、「ああ、残念。くやしいなあ。」と思うか、それは、そのときのその人の感じ方によることで、どちらの場合もあります。

・わたしは、がんばって走りぬいた。三位になった。

ということを、ある人は、

・わたしは、がんばって走りぬいた。それで、三位になった。

と言うかもしれません。また、ある人は、

・わたしは、がんばって走りぬいた。しかし、三位になった。
と言うかもしれません。どういうときに「それで」と言い、どういうときに「しかし」と言うのか、考えてみましょう。

接続詞「それで・しかし」などが、話し手のものごとに対する「感じ方」をあらわすことがあるということを考えようと言っているわけだが、つづいて二三行あとには、

「わたしは、がんばって走りぬいた。三位になった。」だけでは、三位になって「うれしい」のか、「くやしい」のか分かりません。けれども、つなぎ言葉を使うと、二つの文の関係が決まり、「わたし」の気持ちをはっきりと表すことができるのです。

・外は非常に寒かった。かけだしていった。
この二つの文の間に、「それで」「そこで」「だから」や、「しかし」「なのに」「けれど」など、いろいろなつなぎ言葉を入れてみましょう。そして、どういうときに「だから」と言い、どういうときに「けれど」と言うのか、考えてみましょう。

と述べて、接続詞が連文にもたらす感情的意味を考えさせている。

〔中略〕

二つの例文は、それぞれ、

・わたしががんばって走りぬいて三位になったコト

・外が非常に寒くて、かけだしていったコト

ということがら内容をあらわしており、ことがら内容自体には、話し手の感情的評価はふくまれていない。

・わたしは、がんばって走りぬいた。三位になった。

・外は非常に寒かった。かけだしていった。

という各二文として表現しても、その点での変化はない。ところが、

・わたしは、がんばって走りぬいた。それで／だから／そのおかげで、三位になった。

と言えば、「がんばって走りぬいた」ことが原因となって、その結果「三位になった」ということを表現する。要するところ、「がんばったから三位になった」と言うのであって、自分で自分が「がんばった」ことを評価していることになる。そのため、言外に、「やれやれ、よかった」とか「ああ、よかった」「ああ、うれしい」などの感情的意味があらわれてくる。そういう意味をもたらしたものはたしかに接続詞である。

・わたしは、がんばって走りぬいた。しかし／だのに／けれど、三位になった。

と言えば、「がんばって走りぬいたのに、三位になった」というのだから、三位という結果について、「期待はずれだった」とか「予期に反することだった」「不満だ」「残念だ」とかいう感情的意味が、

言外にあらわれてくる。こういう意味をもたらしたものは、やはり接続詞である。つぎの、

・外は非常に寒かった。そこで／それで／だから、かけだしていった。

と言うのは、要するに「外が寒かったから、かけだしていった」と言っているのであって、「外が寒い」ことが原因で、寒さに耐えてすこしでもはやく向こうへ着くようにしようとして、かけだしていったわけである。外の寒さはきびしいので、その寒さのなかを歩いてゆくのはつらい。「ぶらぶらあるいて行くことなどできない外の寒さだから、これに耐えてはやく行き着くために、かけだしていった」と言っているのである。おもてむきの論理は、単なる原因と結果だが、やはり、外の寒さと、かけだしていくことについての話し手の意味づけの評価が、なかのほうにあると見られる。

・外は非常に寒かった。しかし／けれど／それでも、かけだしていった。

と言うのは、意味はちがってくるが、いっそうはっきり話し手の意味付けの評価が読みとれる。つまり、「出かけるのがつらいような非常な外の寒さだったのに、その寒さをおして、思いきって、元気に、かけだしていった」のである。このばあいも、外の寒さと、かけだしていくことに対する話し手の意味づけ的評価が、なかのほうにあると見られる。こう見られるのも、接続詞があればこそのことで、接続詞がなければ、そうはいかない。

〔二二一―二二四頁〕

＊　　＊　　＊

二〇〇四年度の大学院の授業において、複文に関するテキストを輪読する形で、毎回担当者を決めて発表を行なっていた。その中のある時、逆接の回を担当した一人の大学院生が、右にその一部を紹介した宮地（一九八三）の論文を下敷きにした上で、当時受講していた十数名の院生・研究生たちに、次のようなアンケートを行なったのである(14)。

☆次の（　　）の中にどんな接続詞が入りますか。

①　ゆうべはひどく暑かった。（　　　）、よく眠れなかった。

②　わたしはがんばって走りぬいた。（　　　）、三位になった。

③　秋が来て、もう二週間になる。（　　　）、暑い日がつづく。

④　外は非常に寒かった。（　　　）、かけだしていった。

筆者も授業の参加者の一人としてこれに答えようとしたところ、①と③についてはほとんど迷わずに回答することができたが、②と④については、先の引用文中にあったような理由でしばらくの間悩んだあげく、迷いつつそれぞれ一つの回答を記入した。さて、アンケート終了後に、全体を集計してみたところ、②について興味深い反応が起こった。回答した十五名（日本人九、中国人二、韓国人二、台湾人一、モンゴル人一）の結果をまとめると、「そして」が第一位で六名、以下、「だから」四名、「それで」三名、「けれども」二名と続いたのである。この第一位の「そして」の出現については、出題者である大学院生自身は全く予想外のことだったらしく、出題の元となった宮地（一九八三）にも全く言及がないとのことであった⒂。また、更に興味深い事実は、「そして」と答えたのが全て日本人であったことで、他方、「けれども」を選んだ二名はともに韓国人であった。

言うまでもなく、この②の質問については「正解」というものはなく、回答者それぞれの状況認識に合わせて、順接の語を入れようが逆接の語を選ぼうが自由なのであるが、結果として、そのどちらでもない、累加とか時間的継起を示す接続詞と言われる「そして」が日本人の半数以上から選ばれたのであった。「けれども」を選んだ韓国人のことも含め、前記のような結果を生み出した個人個人の選択が、「たまたま」のことであったのか、或いは、回答者の国民性のようなものとある程度関わりがあることなのかどうかを調べてみたくなり、アンケート調査を実施してみることにした。

三・三　調査の内容と結果

調査（アンケート）の具体的な内容をまとめた形で示すと、次の通りである。

A　調査期間：二〇〇五年一月～六月

B　調査対象：母語話者＝大学生（二大学）　計二百三十三名

学習者＝日本語学校生・研究生・大学生など　計二百三十七名⒃

国籍別（中国：百二十八名、韓国：七十一名、その他：三十八名）

C　調査項目：次の通り（ただし、学習者の場合には、適宜読み方〈ルビ〉を加えた。）

Q：次のa～dの文の（　　　）内に、最も自然だと思う接続詞を（一つ）記入して下さい。

（a）ゆうべはひどく暑かった。（　　　）、よく眠れなかった。

（b）私はがんばって走り抜いた。（　　　）、三位になった。

（c）秋が来て、もう二週間になる。（　　　）、暑い日が続く。

（d）外は非常に寒かった。（　　　）、駆け出していった。

言うまでもなく、（a）には順接の語が、また（c）には逆接の語が、基本的には入るはずなので、今回注目したのは（b）と（d）の設問についてである。先にその結果を、表5・6に示してみることにする(17)。

また、理解の便宜のために同じ結果を「順接」「そして」「逆接」のみに限って帯グラフで示すと、次の図1・2の通りである。

三・四　結果の分析

先に表6の（d）の場合について考えてみよう。

表５（b）の結果

	順接	「そして」	逆接	小計	その他	合計
母語話者	101（44.7%）	74（32.7%）	51（22.6%）	226（100%）	7	233
学習者	58（30.5%）	22（11.6%）	110（57.9%）	190（100%）	47	237

表６（d）の結果

	順接	「そして」	逆接	小計	その他	合計
母語話者	114（49.3%）	2（0.9%）	115（49.8%）	231（100%）	2	233
学習者	74（35.4%）	13（6.2%）	122（58.4%）	209（100%）	28	237

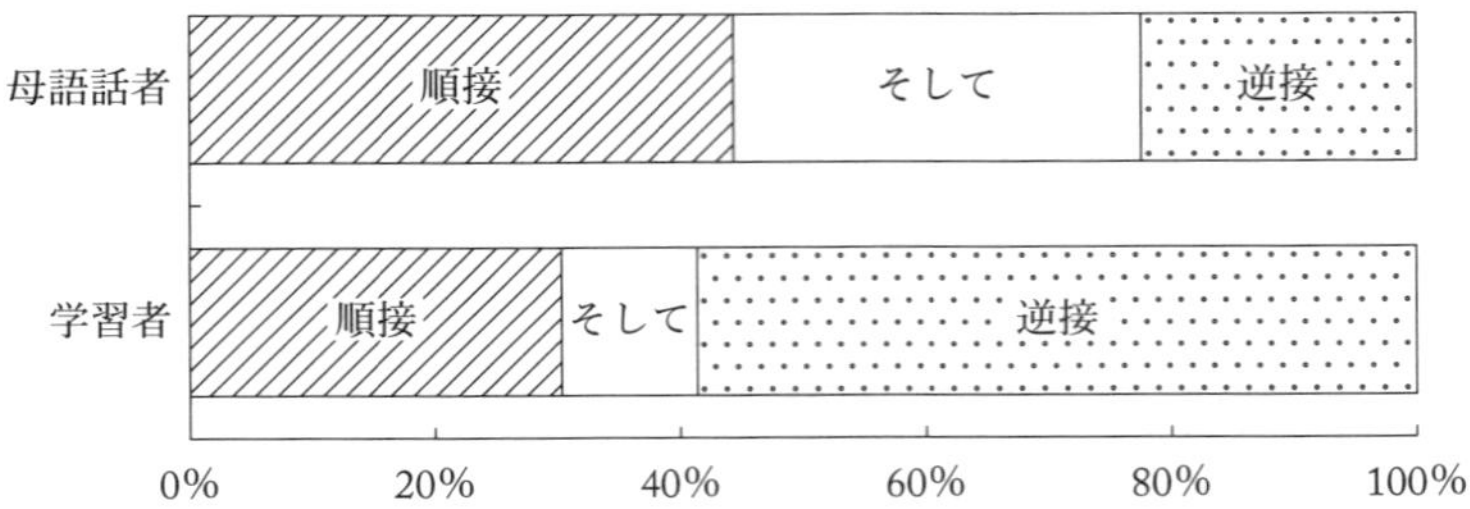

図１（b）の結果

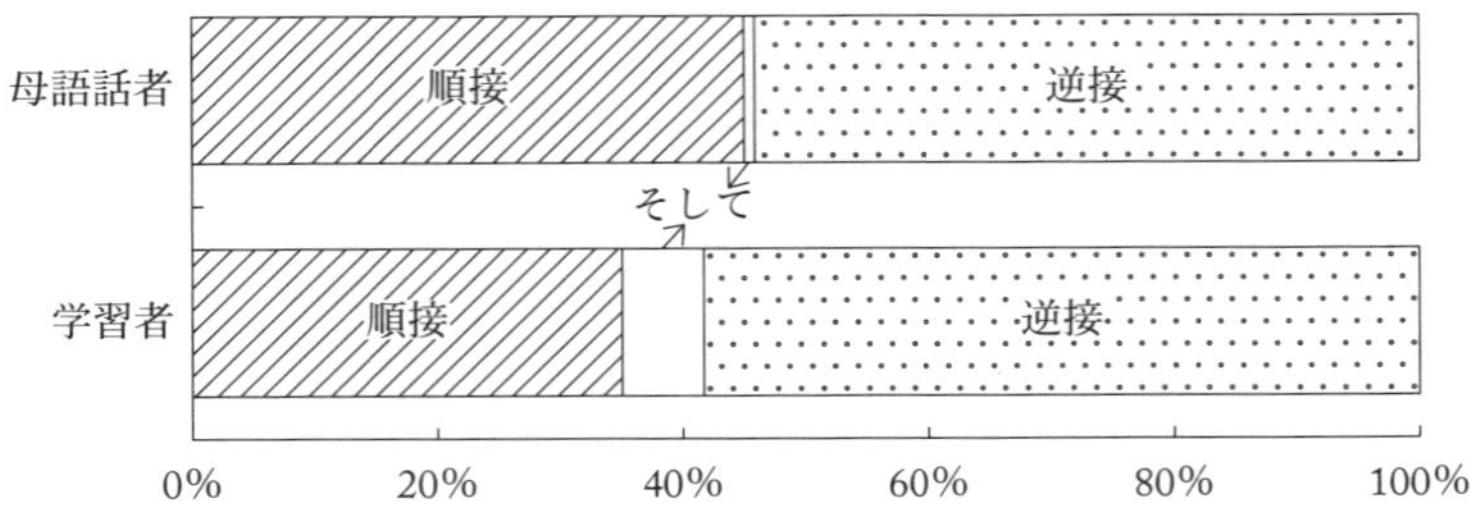

図２（d）の結果

順接の場合および逆接の場合における回答者の捉え方は、前掲宮地論文の説明の通りだと思われるが、その選択における母語話者の回答結果は、見事にその両者に二分されたと言える。二百人を越える回答者の結果が、全くと言っていいほどに同じ数になっていることは、両者の選択において全くバイアスがかかっていないということが、ほぼ証明されたと言ってよいのではないだろうか。「そして」を選んだものが二名いるが、それ自体が誤りというわけではないので、例外的な選択としておきたい。

そうした母語話者の結果に対して学習者の場合は、全体的に見ると、逆接の方にある程度傾いていることと「そして」が少し多いことが目に付く。逆接への傾きについては、特に理由は考えにくいが、国籍別に見ると、韓国では順接の方が少し多い〈五七：三五――順接：逆接の％、以下同様〉のに対して中国では極端に逆接の方に傾いており〈一九：七七〉、人数も中国の方が多いことから、全体の結果にそれが反映した模様である(18)。また、「そして」を選んだ者が六％ほどいるが、これも数値自体がさほど高いわけではなく、特に理由のようなものは考えられない。

次に表5の（b）の場合について考えてみる。こちらには興味深い点が多い。

まず注目されるのは、今回の調査（アンケート）のきっかけともなった、母語話者における「そして」の多さである。空欄に「最も自然だと思う接続詞を記入」するというほぼ自由な回答の設問において、全体の約三分の一が記入するということは、日本人にとってかなり〝自然な〟選択肢の一つであることが、ほぼ証明されたと言ってよいのではないだろうか。学習者の場合も一二％近くが選択しているが、先に見た（d）の場合にも六％ほどが選ばれていることを考慮すると、必ずしもこの（bの）

場合に際立っているとは思えないのに対して、母語話者の場合は、（d）での一％が三三％に跳ね上がっているのであり、明らかに何らかの意味を持つ選択であると考えられる。この点についての分析は後に譲るとして、表5でもう一つ注目されるのは、母語話者と学習者の場合でほぼ逆転しているように見える、順接と逆接の選択状況である。つまり、母語話者では順接の方が逆接の二倍選択されているのに対して、学習者では逆に、逆接の方が順接の凡そ二倍選択されている。学習者の場合、全体の傾向は（d）の場合と似ており、特に際立つものではないが、それに対して、母語話者においては（d）の場合と比較しても、順接の方に偏るという明らかに有意な差が生じていると考えられる。

なお、アンケート調査を行なうもう一つのきっかけとなった韓国人の状況については、（d）では順接の方がある程度上回っている〔五七：三五〕のに対して、（b）ではその逆となる数値以上に逆接への極端な偏り〔二三：六九〕が見られた。韓国人学習者の一部へのフォローアップ・インタビューによると、韓国では、競争（競走）などにおいて「がんばる」ということは、多分に「一位を目指す」ということと同義に捉えられることが多いようで、そうした国民性あるいは民族的な意識が無意識のうちに、（b）における逆接への極端な偏りに反映した可能性は充分に考えられそうである。

三・五　日本語表現との関わり

前節で、質問項目（b）に対する母語話者の回答の特色として、「そして」の多さと（逆接に対する）

順接の割合の高さを挙げた。ここでは、回答者のそうした反応に結びついた可能性のある日本語表現における微妙な言い回しについて考えてみたい。

まず二番目の順接の割合の高さについて考えてみるが、これと関わりが深いと思われるのが、項目（b）の先行文にある「がんばって」と「（走り）抜いた」である。この二つのことばは、どちらも（話し手の）努力を前向きに評価してゆこうとするニュアンスを含む表現である。母語話者（日本人）の場合は、先に挙げた韓国の場合とは異なり、これらの表現を無意識のうちに重く評価したために、「三位」という結果も前向きに捉えられて、順接の接続詞の方が多くの者に選ばれる結果に結びついたのではないだろうか。言い換えれば、結果に重きが置かれやすい韓国に対して、日本では途中の経過や努力の方を重視する傾向が強いと考えられ、その分結果については、比較的「優しい」或いは「甘い」判断が下されやすいという特色が、間接的に表われているように思われる。

一方、「そして」の出現に関して注目したいのが、（b）の項目の後続文の最後に見られる動詞「（三位に）なった」の存在である。日本語の言語表現におけるナル性の問題については、池上嘉彦氏の『「する」と「なる」の言語学』を筆頭に多くの言及が見られるが、本章の二のところで詳しく見てきた通り、「ト」「バ」「タラ」「ナラ」といった一般に条件を表わすと言われる表現の中で、時間的継起の性格が強いと考えられる「〜と」接続文の後項においてナル的な表現との関わりが強くなることが確認され、且つこの点は、比較的レベルの高い日本語学習者の場合でもかなり習得が難しい項目であることから、日本人や日本語そのものにおけるナル的な性格の強さを示す一つの例として特徴的なものであることが分かってきた。

今回のアンケートにおいても、（b）の項目の後続文の文末が「なる（なった）」で結ばれているために、先行文と後続文との関わりにおいて、順接や逆接といった、いわば両者を積極的に結びつけてゆこうとする関係とは異なる性格を持つことばの介入が許されることとなり、特に母語話者の場合にはその代表として、両者の単なる時間的な継起関係のみを表す「そして」が比較的高い割合で選択されるという結果に結びついたと言えるのではないだろうか(19)。

三・六　おわりに

近年、さまざまな場面においてよく利用されるアンケート調査には、意識調査と実態調査という、大きく分けて二つの種類がある。言語研究の分野でも、その研究目的に沿って、このどちらかが使われることが多い。言語使用における実態や無意識の意識を探る上で、多量なデータを必要とする場合によく利用されるのが、一定の文脈中に空欄を作り、その部分に被調査者の選択を自由に記入してもらうという、空欄補充の項目である。各種試験における記述問題と同様に、空欄補充の項目には調査者や出題者の意図とは異なる「意外な」回答が記されることが少なくない。それらのほとんどは無用（或いは、的外れ）なものとして無視されることが多いが、時には調査者（出題者）自身も意識していなかった、設問自体の持つ微妙な特色がそれらの回答によって逆に炙り出されることもあり得るのである。

ここで焦点を当てた接続詞「そして」も、回答者（の一部）である日本語母語話者の持つそうした無意識の意識や微妙な感覚を反映するナル的な性格を有する選択肢として、注目に値する存在になっていると言えるのではないだろうか。

注

（1）実際には五つの例文が挙げられているが、煩瑣になるので、一つの例文は省略した。

（2）また、中畠氏は例文に関するコメントで、「修正すべき箇所が複数存在する例もあるが、本稿の論旨と直接関わらない箇所については、修正すべきであっても触れない」旨を断っている。

（3）これらの代表的なものには、よく次のような例で示される、いわゆる「間接受身（迷惑受身）文」が挙げられるだろう。

・雨に降られる　・父に死なれる　・娘に泣かれる

（4）「〜て」形との違いが説明されているのはDのみで、配列順序の点でも、（どの教科書でも）この二つの表現は大きく離れている。

（5）この項、及び、次項「（4）日本語学習者」の場合も併せた回答の詳細については、この部分の元になっている金澤（二〇〇三）を参照のこと。

（6）調査対象は、一つは北海道大学と岡山大学に派遣された日本語日本文化研修留学生（日研生）と研究生の、百十数名による約三百の作文（一九八六〜九八）であり、もう一つは、国立国語研究所日本語教育センターから公表された、平成十一〜十二年度科研費によるアジア七カ国の約八百名の学習者の作文のデータベース（代表者：宇佐美洋氏）である。

なお、日研生と研究生の分の二十三例（（1）〜（23））については、当時の両大学の担当者（北大：黒田矢須子氏、

（6）岡大：山内博之氏）からの情報により、作文を書いた学習者のレベルと国籍がわかり、それによると、レベル別では、上級：九例、中級：十三例、初級：一例、であり、また、国籍別では（多い順に）、中国：九例、アメリカ：三例、台湾・香港・イタリア：各二例、タイ・インド・スイス・オランダ・ペルー：各一名、である。国籍から見ると中国からの学習者が際立っているようにも見えるが、全体の人数に占める割合そのものが中国の場合が高いので、必ずしもそうとは言いきれない。

なお、これと同一の資料における「～と」の用例を調べてみたところ、明らかな「と」→「て」の誤用（「～て」を使うべき所に「～と」を使ってしまった問違い）と考えられる例は見られず、「～と」形の誤用としては、「～たら」「～ば」及び「～ても」とすべき場合の使用例が見られた。ただし、それらの（誤用と考えられる）例の数は、「～て」形の場合と比べると、遥かに少ないものである。

（7）それぞれの教科書の（「～て」形と「～と」形を導入している）一つずつの課について、テキスト・問題集・説明書の類に登場する例を、全て収集して分析した。ただし、前・後作の主語及び述語が同一のものは重ねて拾うことはせず、また、前・後件のどちらかがブランクになっているような練習問題も拾うことはしなかった。なお、課の選定に当たっては、『日本語文法ハンドブック』巻末の「主要初級教科書との対応表」を参考にした。

（8）表2の中の「形容詞類」には、「出来ない」（B、E）「眠れない」（B）を含む。

（9）個別の動詞としては、「なる」が最も多く二十二回（全体の二八・二％）で、次いで、「ある」が十一回（一四・一％）、「見える」他の可能動詞が十回（一二・八％）出現している。

掲出例の中には、前・後件の動詞が互いに対応する他動詞と自動詞になっているという興味深い例もあった。

・電気を止めると、レコードが止まります。（Eの19課の「れんしゅう」より）

（10）二つの特徴のうち、特に前・後件における主語の相異については、豊田豊子氏を初めとして、部分的に言及している論文や研究者は他にも多い。

（11）豊田豊子氏の分類を代表として、「～と」のいくつかの用法を提示して、そのそれぞれについて、文型を示したりしながら比較的わかりやすい説明を加えるという方法も勿論充分考え得るが、これまで見てきた実際の誤用例などからもわかる通り、前・後件の主語の関係や後件の述語の性格を見るだけで、そうした（詳細な）指導法による場合とほとんど変わらない現実的な効果が得られると考えられ、しかもその程度の指導なら、学習者のレベルという点でも、かなり汎用性のあるものとなるように思われる。むろん、上級以上で、「たら」を初めとする条件表現を担う他の形式との違いを知りたいという学習者には、そうした詳細な説明を行なえばよいと考える。

(12) 今回の調査を進める中で筆者が初めて出会った『新文化初級日本語Ⅰ：教師用指導手引き書』の説明（二・二の（2）の中で引用）は、こうした点で、（「条件法」という呪縛からは抜け出しきれていないにしても）面期的なものであるように思われる。

(13) なお、引用文中に出てくる国語教科書の文章（細ゴシック体で表示）は、宮地氏自身が書き下ろしの形で執筆した「文のつなぎ方」（光村図書、昭和五五年・五八年版『国語』五上）の中の一節である。

(14) 例に使われた四つの文章は、いずれも宮地（一九八三）の中に出てくるものである。

(15) 因みに、質問④については、順接の回答六・逆接の回答九で、「そして」は一つも見られなかった——この点に関しては後で言及。

(16) 学習者の日本語能力については、個々に確認することが難しかったので、正確には調べていない。ただし、質問の意味や内容が理解できるレベルということから考えて、中級及び上級の学習者がほとんどだと思われる。（なお、調査の実施に当たっては、六名の協力者による援助を受けた。）

(17) 表中で「その他」に分類しているのは、そのほとんどが、「やっと」「ようやく」「思わず」といった副詞の場合である。

(18) 中国の場合に、極端に逆接の方に偏っている理由は不明である。

(19) その後、たまたま機会があって、神奈川県内のある中学校の一・二年生の百九十一名を対象として同様のアンケート調査を実施することができ、項目（b）に対する結果は、表7の通りであった。

表7　中学生アンケートの結果

	順接	「そして」	逆接	小計	その他	合計
中学生	121 (64.4%)	32 (17.0%)	35 (18.6%)	188 (100%)	3	191

この結果から見ると、「そして」を選んだ割合は大学生の場合より大幅に減少しており（約半分）、学習者の場合の数値にかなり近付いていると言える。ただし、その減少分は、数値的には完全に順接の方に移行しており、この点では学習者の場合とは反対の、〝日本的な〟「優しい」或いは「甘い」判断の方に流れているようである。今後の動向に更に注目したい。

引用・参考文献

庵　功雄（二〇〇一）『新しい日本語学入門』スリーエーネットワーク
庵・高梨・中西・山田（二〇〇〇）『初級を教える人のための日本語文法ハンドブック』スリーエーネットワーク
池上嘉彦（一九八一）『「する」と「なる」の言語学』大修館書店
金澤裕之（二〇〇三）「日本語教育における「～と」接続文の位置付けについて」『日本学報（韓國日本學會）』第五四輯
菊地康人（二〇〇〇）「良質の記述的研究の重要性――日本語研究界と日本語教育界とにあって思うこと」『国語学』第二〇〇号
久野　暲（一九七三）『日本文法研究』大修館書店
佐久間鼎（一九四〇）『現代日本語法の研究』厚生閣
鈴木　忍（一九七八）『文法Ⅰ　助詞の諸問題1』国際交流基金日本語国際センター
寺村秀夫（一九七六）「「ナル」表現と「スル」表現―日英態表現の比較―」寺村秀夫（一九九三）『寺村秀夫論文集Ⅱ　言語学・日本語教育編』くろしお出版に再録
豊田豊子（一九七八～八三）「接続助詞「と」の用法と機能（Ⅰ）―（Ⅴ）」『日本語学校論集』五―一〇号
――――（一九八五）「「と、ば、たら、なら」の用法の調査とその結果」『日本語教育』五六号
――――（一九八七）「第六章　条件」『NAFL日本語教師養成通信講座　日本語の文法（3）』アルク
中畠孝幸（二〇〇〇）「文法研究と日本語教育―動詞の意志性を中心に―」『表現研究』第七二号
野田尚史・迫田久美子・渋谷勝己・小林典子（二〇〇一）『日本語学習者の文法習得』大修館書店

野村剛史（一九八四）「「ト、テ、タラ」について」『大谷女子大国文』第一四号
――（一九八五）「「て」、連用形、「と」の分布」『大谷女子大国文』第一五号
蓮沼昭子（一九九三）「「たら」と「と」の事実的用法をめぐって」『日本語の条件表現』くろしお出版
浜田留美（一九八五）「接続の「と」と「て」の間」『国際学友会日本語学校紀要』第九号
益岡隆志・田窪行則（一九九二）『基礎日本語文法―改訂版―』くろしお出版
三上　章（一九七〇）『文法小論集』くろしお出版
宮地　裕（一九八三）「二文の順接・逆接」『日本語学』第二巻第一二号
森山卓郎（二〇〇〇）『ここからはじまる日本語文法』、ひつじ書房
吉田妙子（一九九四ａ）「台湾人学習者における「て」形接続の誤用例分析」『日本語教育』八四号
――（一九九四ｂ）「「て」形接続の誤用例分析」『台湾日本語文学報』第六号
――（非売品）『テ形の研究』大新書局（台湾）

第六章　新語・新用法

この章では、最近の新語・新用法について取り上げる。ことばというものを、常に変化しつつ続いてゆくものと捉えれば、むろん、いつの時代にも新語や新用法は見られるものだが、単に一時のみのはやりことばや流行の表現ではなく、変化の速度は少し遅いとしても、将来の日本語の中にも定着してゆく可能性の高い新しいタイプの語や表現を対象としてみたい。

一では、現在では確実にそうした歩みを続けつつあると見られる接尾辞の「的」を対象に取り上げる。この「的」の用法の拡大に関しては、特に一九九〇年代頃に大きな話題となり、従来とは異なる〝変な〟用法として各所で否定的に捉えられて、一時は日本語の「乱れ」や「誤用」の代表的なものとして槍玉に挙げられることが多かった。しかし、使用場面や頻度が広がってゆくにつれてそうした批判も次第に影を潜めるようになり、最近では非難されることも少なくなって、一般にも定着した表現となりつつあるように感じられる。ここではそうした「〜的」表現の広がっていった様相について、実例の提示やその背景となる状況の分析から、説明を試みてみる。

次に二では、現在まさに〝発展〟の過程にあると考えられる、複合動詞の「落とし込む」を対象として取り上げる。一般に生産性が高く種類も豊富な複合動詞は、語彙的な側面から、日本語における特徴的なことばの一種と考えられる。その中で、一九九〇年代頃から現代にかけて圧倒的な勢いで広く社会を席捲していることばに「立ち上げる」があり、普段の会話や放送などの中において、毎日何回かは必ず耳にすることばとなっている。この「立ち上げる」

は、広く認められている通り、〝現在、これなしでは夜も日も明けない〟存在としてのコンピューターの用語に由来するものであるが、それに続くもの（ことば）として、筆者が人知れず注目しているのが「落とし込む」である。この「落とし込む」の場合は、「立ち上げる」のように、特に注目されたり（その一方で）非難されたりする様子は、今までのところほとんどないが、実際の用例を詳しく観察してみると、いつの間にか意味や用法などの面でかなりの展開をみせており、社会に大きく広がってゆく兆しが窺われる。

その他、必ずしもコンピューター関係に由来する語ではないが、「売り上げる」などの複合動詞も我々がほとんど意識しない間に現実社会に広がってきており、現代社会や経済のあり方に由来すると見られるこうした新しいタイプの複合動詞は、今後も更なる増殖を遂げてゆくのではないかという点で、その動向が注目されるところである。

一 「〜的」の新用法

一・一　はじめに

印象としては一九九〇年前後からのような気がするので、ここ十数年来ということになろうが、「気持ち的」とか「わたし的」といった言い方に代表される、それまで見られなかった「〜的」の新しい表現形を耳にしたり目にすることが多くなってきている。こうした、いわば「〜的」の新用法は、新しいことばや用法の多くがそうであるように、識者の間ではすこぶる評判が悪く、批判されることが多いが、その一方で、若者たちを中心として、ますますその使用される機会や種類が広がっているように感じられる。やや旧聞に属するが、二〇〇〇（平成十二）年に行なわれた文化庁の調査でも、十代（十六-十九歳）の若者の四二%が、「わたし的にはそう思います」という言い方をすることがあると答えており、この結果について新聞各紙では、断定を避けるこうしたあやふやな表現（1）が若者に広がっていると分析している。

むろん、こうした「〜的」の新しい用法がどこまで広がってゆくかは不明だし、流行語一般のように、ある時期を境として全くと言っていいほどに廃れていってしまうという可能性もないわけではない。しかし後にも触れるように、一部は新聞記事などの通常の書きことばの中にも使われつつあるという事実を考えると、単にネガティブに批判するばかりではなく、こうした現状に至るまでの流れや背景について、ことばの面からも前向きに分析してみようとする試みがあっても良いのではないかと考える。以下はそうした試みの報告である。

一・二　先行研究

(1)　先行研究の傾向

「〜的」に関するこれまでの参考文献は、研究論文に近いと思われるものを実際に調べてみると、意外に多くないことがわかる。近年の堅実な成果の一つに山下（一九九九）があるが、そこで「参考文献」として挙げられているものは二十に満たないし、その中には多分にエッセー風なものも含まれている。むろん、新聞や一般雑誌の記事の中で触れられている例は少なくないのかも知れないが、それらに当たるのは必ずしも容易なことではないので、ここでは前記の例を参考にして、先行研究の傾向について述べることにしたい。

今も記したように、参考文献は、学術的な論文とエッセー風なものとの二つに大きく分かれるが、その双方で主に触れられているテーマは、それぞれ大きく二つに集中しているように感じられる。まず論文の場合は、他言語（主に中国語）との対照や翻訳における問題などについて論じているものもあるが、多くは次の二つのテーマに集中している。

① 「〜的」の〝〜〟の部分（前接語）の分析を行なったもの
② 「〜的」の意味や用法（機能）の分析を行なったもの

一方、エッセー風なものは、内容との関わりもあって、時期の面でも次に示すような二つに大きく分かれると考えられる。

③ 一九五〇〜六〇年代に多い、「〜的」の濫用に対する警戒の声（その中心は、翻訳書や学術書などでの、書きことばに関するもの）
④ 一九九〇年代以降の、従来とは異なった（と考えられる）用法の広がりに対する疑問の声（槍玉に挙げられる代表例は「気持ち的」「わたし的」で、主に話しことばに関するもの）

以下で主に対象とするのは④についてであるが、①〜③の点について、先に簡単なまとめをしておくことにしたい。

(2)　先行研究のまとめ

前記の①の点に関しては、言及している論文が多いが、「〜的」の使用実態についての計量的調査を行なっている丸山(南雲)(一九九三、一九九六)及び、山下(一九九九)を参考にすると、新聞や雑誌における前接語の語種と意味分野は、次のような状況となっているようである(2)。

前接語の語種(異なり語)

漢語	八七〜九六%
外来語	三〜八%
和語	〇〜三%
混種語	一〜二%

前接語の意味分野(『分類語彙表』による)

抽象的関係	三二%
人間活動の主体	一四%
人間活動　精神および行為	四五%
生産物および用具	三%
自然物および自然現象	五%
固有名詞	一%

次に②の点については、これも当然のことながら言及している論文が多いが、用例(数)も含めて詳細な分析を行っている山下(一九九九)から、意味と用法(機能)に関する部分をまとめた形で引用してみることにする。

「〜的」の意味

（1）「的」が前接語Aの表す属性概念で後接語Bを限定する役割を果たす。
「A性を有するB」「A（の／する）状態であるB」
(e.g.) 現実的政策・本質的問題・合法的移民

（2）「的」が比喩を表す助動詞と同じ役割を果たす。
「AのようなB」
(e.g.) 家族的雰囲気・カリスマ的指導者・記念碑的作品

（3）「的」がある種の助詞や複合辞や語連続と同じ役割を果たす。
「AにおけるB」「AとしてのB」「AについてのB」「Aに対するB」など
(e.g.) 時代的要請・モデル的店舗・音楽的教養・宗教的感情

「〜的」の用法（機能）

（1）「な」を後接する。（A的な〜）　四〇％
（2）「に」を後接する。（A的に〜）　三五％
（3）「体言」を後接する。（A的B）　一七％
（4）その他を後接する。（A的だ／で／と／の等）　八％

③に関しては、藤居（一九五七）が典型的なものなので、そこから一部引用してみる。

・的は、その場の気分で使われています。気分で使われているものが気分で聞かれ、気分で読まれるのです。〈中略〉先行の体言のもっている性質に近似するものを言い表わそうとする漠然たる意識以上のものは、この語の伝えあいには期待できません。それだけに使うには便利なことばです。いろいろ勝手な意味をもたせて変通自在な使いかたもできます。解釈も任意です。こんな理由の複合から的がむやみに使われるのです。〈七二頁〉

(3)「〜的」の新用法について

先に④として示した、近年の「〜的」の新用法に関して主に言及が見られるのは、野村（一九九四）、浅井他（一九九七）、朴（二〇〇〇）である。そのそれぞれから、主に新用法への評価に関する部分を引用してみることにする。

(a) 野村雅昭「キモチのわるい話」（『日本語の風』一九九四）

・二、三年まえから気になっているいいかたに「気持ち的」というのがある。たとえば、野球中継で、解説者が「ここで、清原との勝負をさけたいのは、気持ち的には理解できるんですが、…」などといっている、あれである。いわんとしていることはよくわかるのだが、なんとなくしっくりこない。〈二八二頁〉

・「的」には、いろいろな用法があるが、このばあいは「…トシテノ」という意味がそれにちかい。

「気持ち的に理解できる」というのは、一方に「論理トシテハ納得デキナイ」という意味をふくんでいる。つまり「理屈としてはわからないが、気持ちのうえでは理解できる」というわけだ。「気持ち的」といういいかたに、おちつかないところがあるのは、まさに、この点だ。和語に「的」のついた「神がかり的」などの表現は、いずれも「…ノヨウナ」という意味で連体修飾語としてもちいられる。「気持ち的」は、そのワクをやぶったいいかたであるところに、特徴がある。

〔二八三頁〕

（b）浅井真慧他「「何々的」で不自然なもの」（NHK『放送研究と調査』一九九七年五月）

「何々的」という次の表現の中で、不自然と感じるものがあれば選んでください。

一	この服は「長さ的」にはちょうどよい	四六・一％
二	「色的」に派手な車が通った	五〇・一％
三	「書類的」には全部がそろっています	五二・一％
四	「気もち的」には理解ができます	三三・六％
五	不自然と感じるものはない	九・三％
六	わからない	八・一％

・「的」は、一般には二字漢語の後に付く傾向があると考えられている。そして、その漢語もどちらかといえば抽象的なことばが多い。そういった経験からみれば、「長さ・色・気もち」などの和語に「的」を付けた用法は目新しい。また、「書類」といった具体物に「的」を付けるのも異例な用い方であろう。〈五六頁〉

・それでは、「的」の多用、濫用が、和語まで巻き込んだ形で増えてきているのはなぜなのであろうか。『岩波国語辞典第五版』によると「何何的」には英語の -tic の音訳の外に、三つの意味が載せてある。（1）〜のような（2）〜の性質を帯びた（3）〜の状態をなす（1）の意味の語の仲間に「貴族的・病的・動物的」などがある。これは「貴族・病気・動物」そのものを指すのではなく、貴族のような、または病気のようなといった、多少あいまいな、範囲を広げた言い方である。「〜のような」というところに、断定を避けたり、あるいは断定できないものを説明するときの便利さがある。〈中略〉いずれにしても、伝えるべき内容をあいまいにする働きが、この「的」には備わっているようである。〈五八–五九頁〉

（c）朴大王「接尾辞「的」について―話し言葉における「的」を中心に―」（二〇〇〇）

・現代における「的」による表現は話し言葉でもやたら無秩序に使われているような気がする。（15）の例は、放送と新聞の会話文に現れたそのような濫用とも思われる「的」の例である。

(15)　小林さん的には何がいいんですか。
わたし的に言いますと、…
自分的には良いと思ったんですけど、…
貴さんはモテるんだよね。ボク的には…
世の中的にどう見られているのかねぇ!
隠れ家的存在のロフトバー
気持ち的に楽だよ。
（以下、省略）　〔一七〇‐一七一頁〕

一・三　異なった観点からの特色

以上見てきた通り、「〜的」の使用範囲や頻度の広がりは、③の場合も④の場合も、識者の間ではすこぶる評判が悪い。ただし、既に過去の問題と考えてよいと思われる③の点に関しては、現在の様相から受ける印象としては、当時の〝濫用〟の状態が今では「常態」となって、一般には定着していると言っても良いのではなかろうか。

さて問題は、④の点についてである。前節に挙げた（a）〜（c）の三文献はいずれも、基本的にはこうした「〜的」の新用法に対して違和感を持ち、若い世代を中心とするその用法の広がりには不審の念を抱いているらしいことが分かる。そして、三者にほぼ共通する新用法の特徴への見方として、次の二点が挙げられている。

（一）前接語に、従来あったものとは異なるタイプの和語が来ていること
（二）「〜的」が、「…トシテノ」といった意味を持ち、伝えるべき内容をあいまいにする働きを持っていること

確かにそうした傾向があることを、筆者も認めないわけではないが、（a）〜（c）の引用部分に挙げられている十余りの「〜的」の具体的な例文を見てみると、もっと単純かつ顕著な特色があることに気付く。それは一、二の例を除いて、他はすべて「〜的に（は）……」の形になっている、ということである。言い換えると、

（ⅰ）文頭にいきなり「〜的」の語が来ること
（ⅱ）「〜的」の後に「に」、その中でもとりわけ「には」が接続して、以下に文が続いてゆく場合が多いこと

という文法（文の中での機能）面からの特色が、新用法では注目されるのである。更にもう一点、同様の面から注目に値すると思われる現象もあるが、その点については後に譲るとして、とりあえず前

記の特色について、他の用例から検討を進めてみることにしたい。

一・四　後接形態からの分析

以下では、前節の後半に挙げた、「～的」の新用法における文法面からの二つの特色について他の用例から数量的に調べてゆこうと思うが、そのうちの（ⅰ）については、文の種類（会話文か否か）や文脈の受け取り方などによって、判断が揺れたり決定ができなかったりする場合が少なくないと考えられるので、そうした紛れのない（ⅱ）の点について、用例検索を利用して調べてみることにする。

次に示す図1は、各種の「～的」の用例において、その中で「～的に（は）」の形式が占める割合を図示したものである(3)。なお、用例の検索にはyahooのホームページを利用し、その検索の総数を下段に数字（単位：千例＝百の位を四捨五入）で示しておいた(4)。なお、多種多様な「～的」の中での一般的な後接形態の状況を見るため、既発表の山下（一九九九）における約二万二千例を今回の調査と同様の計算（注3の《　》内参照）によって「～的に」の割合を調べた結果、四二・四％という数値が得られたので、参考のためにそれを最初に示しておいた。ただし、山下調査では「～的に」の中の内訳は調べられていないので、「～的には」の割合については不明である。

ここでは、十七例の「～的」についての調査結果を示したが、それらの語例を選んだ理由は次の通りである。まず、「理想的」から「国際的」の五語は、原（一九八六）において漢語の語構造の面から大きく五つに分類されたものの中から、任意に一例ずつを選んだものである。これらは、山下調査の場合と同様に、一般的な傾向を見るために採用した。次の四例の「時間的」「場所的」「値段的」「雰囲気的」は、後に言及する筆者が女子大生に行なった（自由記述の）アンケートにおいて、漢語に「的」が接続するものの中で「〜的」の新しい用法として意識されているらしいものであることから、調査対象とした。その次の「気持ち的」「長さ的」「わたし的」「自分的」の四例は、言うまでもなく先行文献などによく取り上げられる例で、且つ、ある程度の数の検索結果が得られたものである。また最後の四例は、野村（一九九四）において「気持ち的」との関係で言及されているもので、「心理（的）」「感情（的）」は「気持ち」と類義の名詞として挙げられている例であり、「天下り（的）」「神懸り（的）」は、従来から用例が存

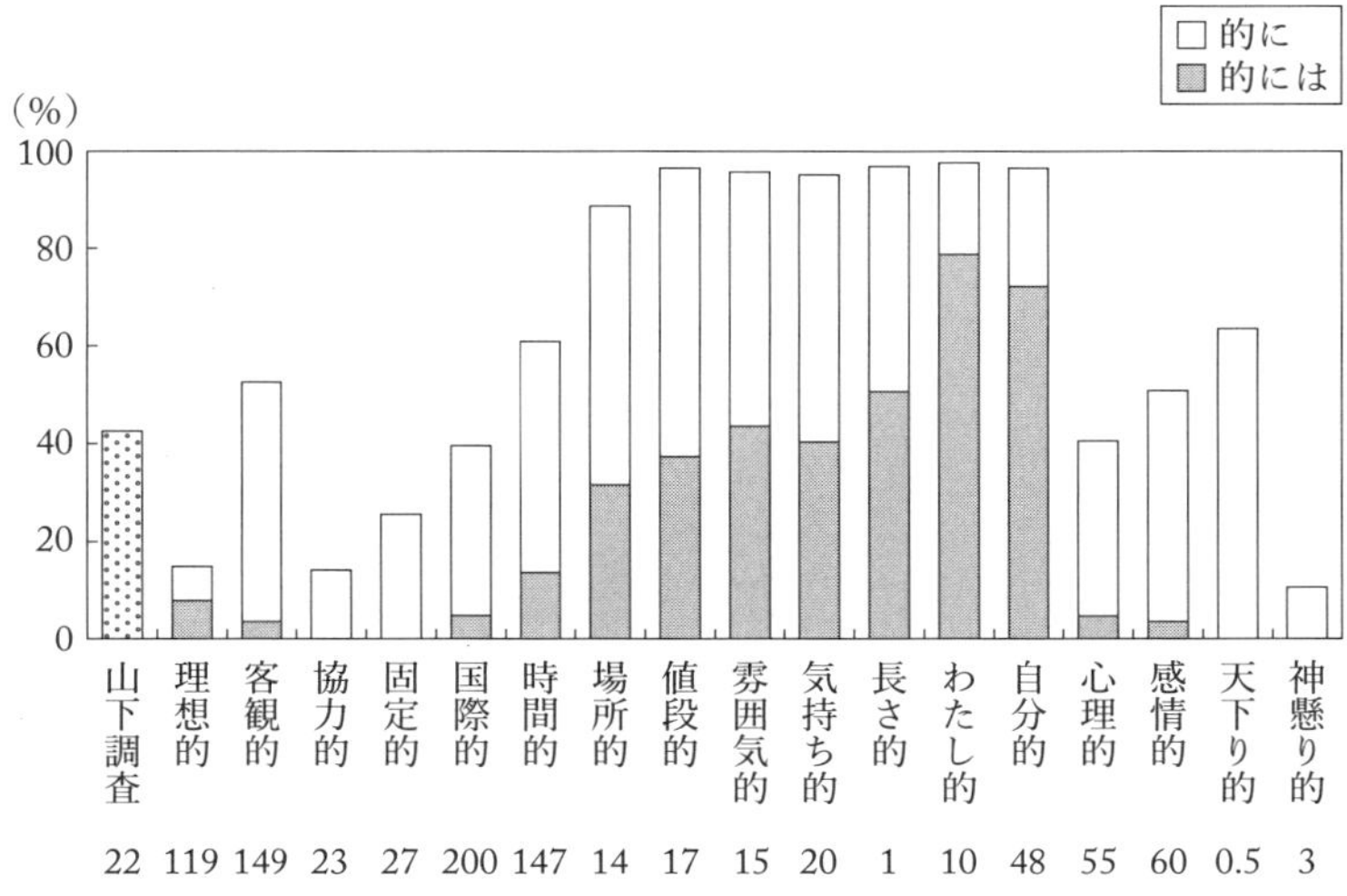

図１　総用例数に対する「〜的に」「〜的には」の割合

在する、和語に接続する例である。

こうして、それぞれの「〜的」の用例全体に対する「〜的に（は）」の割合を調べてみると、その他の例と比較して、「場所的」から「自分的」の七つの語において、「〜的に」全体の割合が九〇％を超えるという、かなり顕著な特徴を示していることが分かる。また、それらにおいては「〜的には」の割合も比較的高く、特に「わたし的」「自分的」においては、「〜的に」に含まれる用例のうちの大多数が、「〜的には」の形を取っていることも注目される。

一方、この七例を除いた十語の場合は、一部（「天下り的」や「客観的」など）に「〜的に」全体の割合が比較的高いものもあるが、これらの例においては「〜的には」の割合は極端に低く、前記七例との分布の違い（棒グラフの形の差）は明らかである。ただしそうした中で「時間的」の場合は「〜的に」全体の割合がかなり高く、且つ「〜的には」の割合も相応に見られることから、両者の中間的な様相を示していると見ることも可能なように思われる。

一・五　「〜的には……。」文型のもう一つの特色

前節では、一・三の後半に挙げた、「〜的」の新用法における文法面からの二つの特色のうちの（ⅱ）である、「〜的」の後接形態に関して分析を進めてみたが、以下では、そこでの（ⅰ）の特色とも密接に関わる、先に留保しておいたもう一つ別の特色について考えてみることにしたい。

前節の初めの部分でも述べた通り、具体的な文の中で「〜的」の語が（文中の）どの位置に出現するかという点については、判断が揺れたり決定ができなかったりする場合が少なくないと考えられることから、実例の分析によって検討することは差し控えるが、先に一・二の（3）で引用した先行文献で挙げられている例からも分かるように、新用法の「〜的」の語が文頭に来る例はかなり自然なものであるように思われる。また、前節で検討した通り、新用法の場合は「には」を後接する割合が顕著でもあるので、それを含む文は往々にして、『〜的には……。』という文型を取ることが多いと考えられる。とすれば、次に注目されるのは後半の「……」のところ、つまり述語部分の性格についてということになる。

次に掲げる図2は、図1で利用した、yahoo の検索による、「国際的」「時間的」「場所的」「値段的」「雰囲気的」「気持ち的」「わたし的」の七語を含む『〜的には……。』の文の最初の百例ずつ（重複しないもの）を、述語（「……」の部分）の表現内容の面から分析したもので、具体的には、「いい」「好き

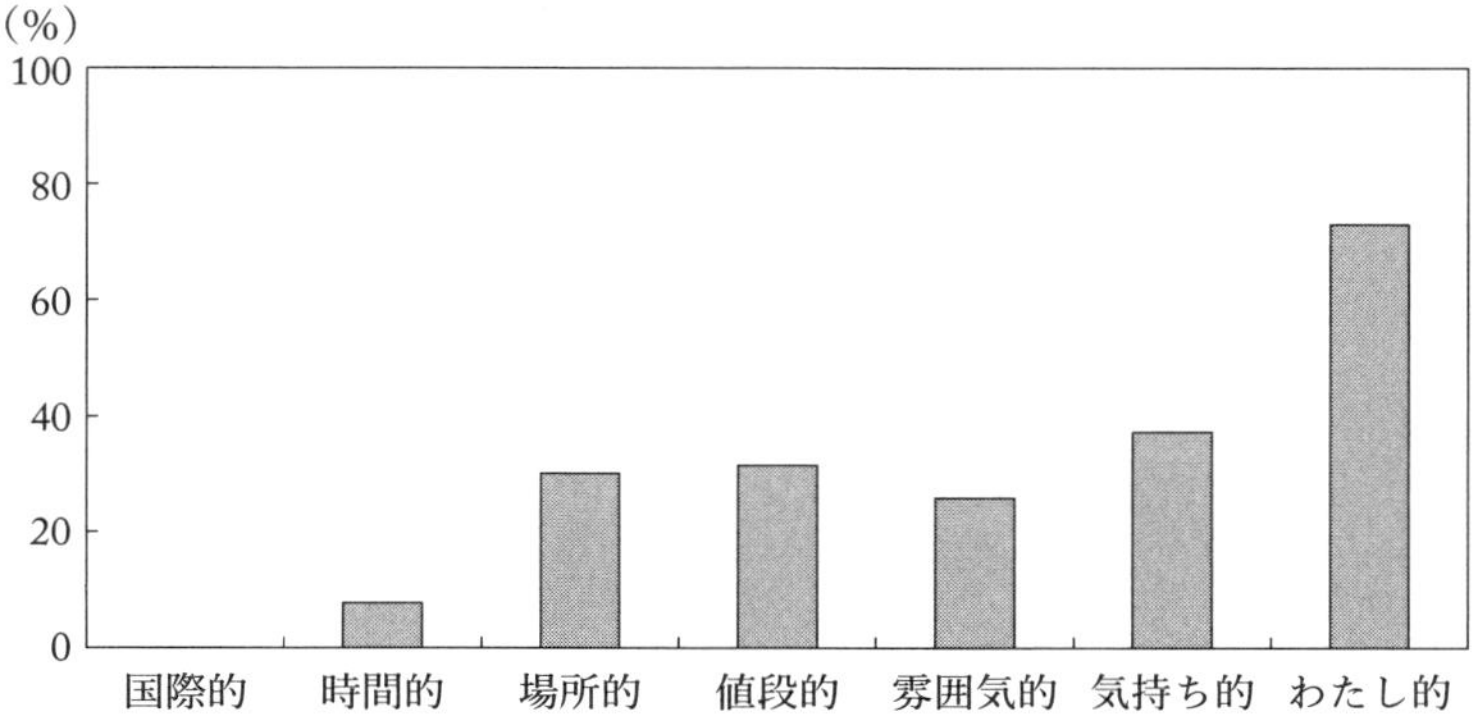

図2　述語の表現内容

（だ）」「OK」「あり」「悪くない」／「ダメ」「イヤ（嫌）」「好きじゃない」「無理」「×（バツ）」などの形をとる、二元的・絶対的な好／悪の感情を示す表現が述語の部分に来ている場合を数えてみた結果である（5）。

むろん、それぞれの語自体の持つ語彙的な面での性格とも関わりがあるだろうが、グラフの結果から判断すると、「場所的」以下の新用法において、述語部分に好悪といった二元的な感情を示す表現が多く見られ、この傾向は特に「わたし的」の場合に顕著であることが分かる。また、統計的な面での厳密な判断は難しいが、「国際的」∧「場所的」「値段的」「雰囲気的」∧「わたし的」、と三つの段階を描くような形で数値が変化してゆく中で、「時間的」及び「気持ち的」が、二つの段階変化においてその中間的な傾向を映し出していると捉える見方も、可能なように思われる。

一・六　これまでのまとめ

一・三〜一・五において、「〜的」の新用法の文法（文の中での機能）面での特色として筆者が指摘してきたのは次の三点である。

（i）文頭にいきなり「〜的」の語が来ること

（ii）「〜的」の後に「に」、その中でもとりわけ「には」が接続して、以下に文が続いてゆく場合

が多いこと

（iii）述語の部分には、二元的・絶対的な好／悪の感情を示す表現が来ることが目に付き、この現象は、「わたし的」の場合に特に顕著であること

こうした、形式や文法面からの特色と二つの図による分析、並びに先行研究の指摘などを総合しつつ「〜的」の新用法の成立や広がり方を類推してみると、時期の点でははっきりしないところもあるが、次に示すⅠからⅢへの展開といったものが想定できるのではないかと筆者は考える。

Ⅰ　従来からの用法――それぞれの語によって割合は異なるが、一般には「な」「に」「だ」を後接する三つの用法（連体修飾・連用修飾・文末）を持ち、特に「〜に（は）」の場合に偏ることはない。

Ⅱ　仮に「属性用法」とする――圧倒的に「に（は）」の後接する割合が高くなり、「〜の面で（は）」といった、個々の属性面での評価を表わす用法である。その典型的な例として、「場所的」「値段的」「長さ的」「雰囲気的」「気持ち的」などが挙げられ、「〜」に入る語の制限は緩く、ヴァリエーションはかなり多い。

Ⅲ　仮に「主体用法」とする――「には」の後接する割合が特に高く、「〜としては」「〜の立場では」といった、主体の立場や見方を表明する用法となる。「〜」の部分には「わたし」や「自

分」を初めとして、一人称を主とする人（称）を示す語が入る。また、述語には二元的・絶対的な好／悪の感情を示す表現が来ることが多い。

一・七　女子大生アンケートの結果との関わり

前節でのまとめに関連して、二〇〇三年七月に女子大生に行なったアンケートの結果も興味深いものなので、次に紹介してみる。調査対象は、話しことばを中心とする最近の日本語の現象について考えることを目的とする授業の受講者五十二名である。彼女たちには、「〜的」の新しいと考えられる用法を、出来る限り文の形にして作るように依頼した。なお、この時点まで「〜的」の問題については一切触れておらず、一人一人が全く自由に（いくつでも）例を挙げるように伝えて、こちらからは何の誘導も行なわなかった。その結果、集まった例は延べで二百四十一、「〜的」の「〜」の部分の異なりでは百十六語が挙がった。そして、この百十六語／二百四十一例を、前節のまとめに従って三つに分類したところ、「新用法」としての判断には少し迷うところもあったが、次に示すような結果となった。

	語（種類）	例（数）
Ⅰ（従来からの用法）	四十四	五十七
Ⅱ（「属性用法」）	三十八	六十二
Ⅲ（「主体用法」）	三十四	百二十二

このうちまず、Ⅱの「属性用法」については、そのヴァリエーションの多様さが目に付いた。これまで言及してきた「場所的（2＝用例数）」「値段的（3）」「雰囲気的（2）」「気持ち的（4）」などは勿論として、「デザイン的（4）」「状況的（2）」「天気的（2）」「お金的（2）」などの例が複数挙げられ、更に一例ずつではあるが「身長的」「試合的」「メロディ的」「バラエティー的」「見かけ的」「見た目《め》的」「考え方的」「持ちやすさ的」などといった、これまであまり目にしない例も多数見られた(6)。ここに挙げた例からも分かるように、「〜（的）」の部分に入る語は、漢語に加えて和語・外来語・混種語、更には接辞を加えた派生語にまで広がっており、今後も更に多様化してゆく可能性が強いと考えられる(7)。

一方、Ⅲの「主体用法」に関しては、ここでもヴァリエーションの広がりが注目される。先に、このⅢに分類されるものは三十四語／百二十二例あることを示したが、それを更に、「〜」の部分が①〝自分〟に当たるもの　②（自分以外の）人や人称代名詞などを示すもの　③（それ以外の＝人ではなく）組織や団体など　の三つに分けてみると、その状況は次のようになった。

語（種類）		例（数）
①〝自分〟に当たるもの	六	五十八
②（自分以外の）人や人称代名詞	十六	四十四
③（人ではなく）組織や団体	十二	二十

①については後で詳しく触れるので、まず②について見ると、「△△（相手の名前）的（13）」「△ちゃん的（9）」「あなた的（3）」などの予想しやすいものに加えて、多くは一例ずつではあるが「彼的」「彼女的」「あっち的」「子供達的」「男的」「お母さん的」「親《おや》的（2）」「先生的（6）」などの例が見られ(8)、語彙的な広がりの様子が窺える。また、ここで特に注目されるのは③の場合で、主体が人の場合から更に広がりを見せ、「学校的（6）」「X（学校名）的（2）」「会社的」「テレビ的（3）」「お店的」「Y（店名）的」「係り的」「キッチン的」などの例が見られる(9)。こうした例は、筆者自身も調査以前には予想していなかったものであり、語法の簡便さも手伝ってか、あたかも「増殖する」といった勢いで急速な広がりを見せつつあるようである。

こうした全体の状況の中で、やはり最も注目されるのがⅢ「主体用法」の①、「～」が〝自分〟に当たるものの例で、前述の通り合計五十八例が数えられ(10)、この例を挙げた学生は全体五十二人のうちの実に四十九人（九四％）を占めた。そして、「わたし的」を代表とする、こうした「〝自分〟的」の部分を中に含む五十八の例文を更に詳しく分析してみると、次に示すような結果となった。

A：文の中の位置　　文頭：五十七　　文中：一(11)
B：後接形態　　「には」五十一　「に」五　「にも」一　「で」一

また、「〝自分〟的に（は、も）」が文頭に来る五十七の例の述語部分を、前節で挙げた特色の「二元的・絶対的な好／悪の感情」に照らして調べてみると、結果は次のようになった。

C：述語部分　「好」：二十六（四六％）――「いい」「OK」「あり」「好き（だ）」など
「悪」：十二（二一％）――「好きじゃない」「違う」「ダメ」「無理」など
その他：十九（三三％）――「こう（だ）」「××（自分の意見）だ」など

好悪の感情を示すものの合計の六七％というのは、図2における「わたし的」の場合の七三％と似通った数値であり、ここから「〝自分〟的には……。」という定型的な表現が、女子大生たちにも好んで使用されているらしい状況を窺うことができるように思われる。

一・八　新聞の用例からの検証

最後に、これは（話しことばではなく）書きことばの例ということになるので、参考としての意味しか持たないかもしれないが、時代的な流れや変化の様相を探ってみるために、同一メディアでの経年的な出現数調査の結果を参照してみることにしたい。次に示す図3は、朝日新聞オンライン記事データベース「聞蔵《きくぞう》」を利用して、図1で問題となった「場所的」「値段的」「雰囲気的」「気持ち的」「わたし的」の五語の、一九八四年八月以降の年次ごとの出現数を記録したグラフである(12)。

たまたま出現した数を数えるという調査方法から、ある程度の凸凹は致し方ないと考えられ、また出現数も一年に五例以下の場合が少なくないが、ここで興味深いと思われるのは、一九八〇年代から比較的安定した出現数を示す「場所的」「値段的」「雰囲気的」の三語に対して、九四年から出現してその後急激に数が増える「気持ち的」、九八年から姿を現わす「わたし的」と、同一新聞への出現状況という点で、三つの異なるパターンが見られることであ

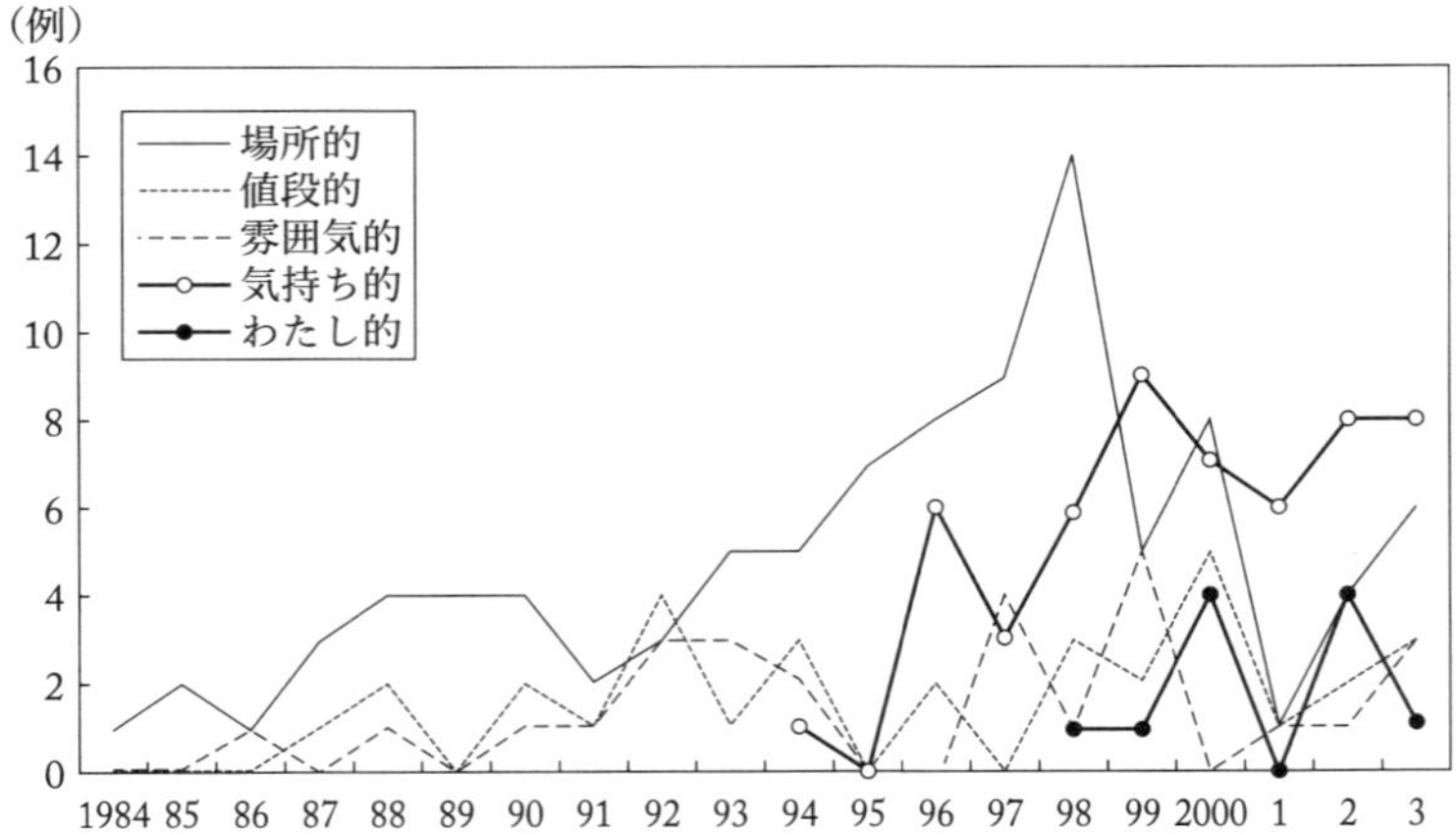

図３　朝日新聞における年次ごとの「△△的」出現数

る。もちろん、『朝日新聞』というメディアの性格や、新語・新用法といった語例の性格から、その出現年度は実際の（社会での）話しことばへの登場からは時間的にかなり遅れているであろうことが予想されるが、三つのパターンの時間的な懸隔や順序といったものは、新用法としてのⅡからⅢへの展開と関わって、興味深い事実を示しているように感じられる。

というのは、先に図2のところでも言及したが、「気持ち的」が、Ⅱの「属性用法」からⅢの「主体用法」への橋渡しのような役割を果たしたのではないかという推測である。言うまでもなく、「気持ち」というものは主体である「誰か」の気持ちを表わすものであり、例えば「気持ち的に理解できる」というような表現の場合は、主体としての「わたし」が裏に当然含意されており、「わたしとしては理解できる」というのとほぼ同義に当たると考えられる。そして、この「わたしとしては」の部分が汎用性の高い「〜的」の形式を受け入れたとすれば、そこに「わたし的には理解できる」という表現が成立する。更に、一旦「わたし的には……」という形が定着したとすると、「……」の部分に「属性用法」の場合とも繋がる話者の印象面での評価や見方を示す表現が入ることは、自然な流れのように感じられるのである(13)。

一・九　おわりに

以上、これまで考えてきたところをまとめてみると、「〜的」の新用法の広がりは前接語の多様化や「〜的」の意味の広がりといった、いわば語レベルの変化に止まるのではなく、そこから進んで文法としてのレベルや、更に言えば話者の表現方法に関わるレベルにまで、その特色が及んでいると考える方が自然ではないかと思う。既に何度か触れたように、「〜的」の新しいと考えられる用法については、主に若者たちに好まれ、「あいまいで、断定を避ける表現」の一つとして、その多くは否定的に評価されることが多い。確かにそうした面もあるかもしれないが、その一方で自分自身の気持ちや好悪の判断などを積極的な形で表明してゆくためのストラテジーのようなものとして、ポジティブに受け容れられていると考えることもできるのではないだろうか(14)。

二　新しいタイプの複合動詞

二・一　はじめに

筆者がその語に初めて出会ったのは二〇〇六年十月二十一日の土曜日、朝日新聞休日版の『be（ビジネス)』の二面でのことである。この『be』の一、二面は「フロントランナー」と題され、経済や産業などの面で注目を浴びている人物についての特集記事で、この日の対象は、若者を中心に「ミク中

（ミクシィ中毒）」という社会現象を生み出している、SNS（ソーシャル・ネットワーキング・サービス）と呼ばれるインターネットサービスを手がける国内最大手『ミクシィ（mixi）』の社長、若干三十歳の笠原健治氏であった。その語が現れた、記者によるインタビュー部分の前後を再現してみよう。

――新規会員開拓の余地はまだありますか。

笠原　韓国では、二十代の九〇％が大手SNS「サイワールド」の会員だと言われています。現在、ミクシィ会員の二十代は三百万人強と、日本の二十代人口千六百万人の一八％にすぎませんから、まだまだ伸びる余地があります。（後略）

――起業家としての今後の目標・ビジョンは？

笠原　何歳までに何をして……というところまでは落とし込めていませんが、ミクシィで、世の中を変革できるようなサービスを提供し、社会的に大きな価値を生み出し続ける会社にしていきたいです。

筆者が反応したのは、この中の「落とし込め（て）」という複合動詞であった。この部分はインタビューを文章にまとめた記事なので、二人が喋った通りをそのまま文字化したものではないだろうが、ゲストが使用した動詞を、記者がわざわざ書き換えるとはかなり考えにくいことなので、笠原氏が「落とし込める」又は「落とし込む」という動詞を使用した確率は相当高いものと思われる。むろんこの語の意味するところは文脈から、「(テーマを)具体化する」といった内容であろうことが想像できるが、初めて見たこの複合動詞に私は一瞬ポカンとした。そしてすぐに、手近にあった電子辞書（『広辞苑』）で「おとしこむ（こめる）」を引いてみたところ、画面は《該当語なし》との答えであった。

ところで話は少し逸れるが、二十一世紀に入ってから現在に至るまでのかなり長い期間、新聞や放送などを含めた日常生活の中で、「立ち上げる」ということばを見たり聞いたりしない日はほとんどないような気がする。最近の「日本語ブーム」の火付け役の一つともなっている『問題な日本語』シリーズの中の一冊『続弾！問題な日本語』（二〇〇五）においても「立ち上げる」は項目の一つに取り上げられ、その中には次のような記述が見られる。

［質問］「立ちあげる」という言葉は昔はなかったと思いますが、どうしてこんな言い方をするようになったのでしょうか。

［答え］「立ちあげる」という言い方は、比較的最近出てきた言い方で、機械を起動させたり、組織を作って活動を開始させたりする意味を表します。『岩波国語辞典』の第三版には、「立ちあげる」という言葉はなく、第四版には掲出されていますので、一九八〇年代の後半には、広く用いられていたことが知られます。「start up」を表すワープロ専用機やコンピューターの用語として広まったと言われており、日本初のワープロ専用機が作られたのが一九七〇年代末で、ワープ

ロ専用機やコンピューターが一般にも用いられるようになったのは、八〇年代に入ってからのことですから、一〇年ほどの間に爆発的にこの言葉が普及したことがわかります。（後略）

〔二二七―二二八頁〕

矢澤真人氏によるこの説明に基本的に異論はないが、そうした経過を辿った「立ち上げる」以外にも、最初は主にコンピューターやそれと関わることの多いＩＴ（情報通信技術）関係の用語が、我々の日常の語彙の中に入り込んできている例は意外に多いものと考えられる。むろん、他に置き換えようのない外来語のような場合は言うまでもないが、「立ち上げる」に代表される、それまでに存在しなかった動詞類が、例えば複合動詞のような形で使われたり用法を広げたりしているケースも、少なからず見られるのではないだろうか。以下ではそうした複合動詞を「新しいタイプの複合動詞」と仮に規定し、その展開の様相を「落とし込む」を一例として考察してみたいと思う。

二・二　各種辞書における記述

前節で電子辞書（『広辞苑』）の場合について少し触れたが、各種辞書における「落とし込む」の項目に関して、まとめて言及しておきたい。

現在発行されている全ての国語辞書を調べたわけではないが、最近の新語や新用法に関して他の辞書より関心が高く、それらが収載される可能性が高いと予想される『明鏡国語辞典』（大修館書店、二〇〇三）を含め、確認した普及版辞書の全てにおいて「落とし込む」の項目はなかった。各種調べた中で、見出し語として「落とし込む」の項目があったのは、結局『日本国語大辞典』（小学館、一九七三）のみで、その全内容は次の通りである。（用例の実例部分は省略。）

おとし-こ・む【落込】〈他マ五（四）〉①落下させて、ある物の内に入れる。＊虞美人草〈夏目漱石〉＊今年竹〈里見弴〉②はかりごとや罪におとしいれる。他人をあざむいておとしいれる。はかる。＊詞葉新雅　＊それから〈夏目漱石〉③堕落させる。＊蓼喰ふ虫〈谷崎潤一郎〉

この結果から、明治時代以降、「落とす」＋「込む」の複合的な意味を持つ基本的な用法（①）や、そこから派生したと考えられる用法（②、③）が既にあることは分かったが、冒頭に挙げた『ミクシィ』笠原氏の用例がこれまでの辞書の記述から説明できないことは、確かであった。

二・三　新聞における「落とし込む」の用例数の変化

こうした状況で、筆者が次に調査してみたのは、笠原氏の用例もその中に含まれる、新聞における出現状況である。便宜上、『朝日新聞』記事データベースの『聞蔵《きくぞう》』を調査対象として、一九八四年

表1　『朝日新聞』記事における「落とし込む」の年次別用例数

	辞書①	辞書②	新用法	開けない	小計（つり以外）	つり	合計
1984	2	0	0	0	2	0	2
1985	1	1	0	2	4	0	4
1986	1	0	0	0	1	0	1
1987	0	1	0	1	2	0	2
1988	2	0	0	0	2	0	2
1989	2	0	1	0	3	0	3
1990	2	0	1	1	4	0	4
1991	1	1	1	4	7	4	11
1992	0	0	1	0	1	2	3
1993	2	1	2	2	7	7	14
1994	2	1	1	0	4	2	6
1995	0	3	3	2	8	0	8
1996	7	6	2	0	15	1	16
1997	3	1	1	0	5	22	27
1998	6	1	1	0	8	16	24
1999	4	1	4	3	12	20	32
2000	4	1	8	2	15	28	43
2001	6	0	7	2	15	49	64
2002	4	3	7	3	17	78	95
2003	6	0	10	3	19	75	94
2004	6	0	14	4	24	96	120
2005	6	1	15	3	25	83	108
2006	5	0	13	4	22	82	104
総計	72	22	92	36	222	565	787

から現在に至る出現状況を年次別に示した結果が、次の表1である。その中で、「辞書①、②」としたのは、前記『日本国語大辞典』における①、②の意味（③の用例はナシ）、「新用法」としたのが、それ以外の新しい（と考えられる）用法の場合である(15)。そして、「辞書①、②」及び「新用法」に限定して、その用例数の推移をグラフの形で表わしたのが、後の図4である。

図4を見ると、基本的な用法とも言える辞書①の場合は、一九九六年以降相対的に用例数は増えているが、全体を通して安定した出現の状況である。また、辞

書②の場合は、年間一例以下のケースがほとんどで、全体の用例数はかなり少ない。その中で一九九六年の六例というのが注目されるが、これは内容を見てみると、この年に多発した霊感商法に関係する記事によく現われたためである。それらに対して、新用法の場合は、一九九〇年前後から出現し、最初の十年ほどはさほど目立たないが、二〇〇〇年に入ると途端に用例数が急激な増加を見せ、その後も更に増える形で発展しつつある様子が見て取れる。

二・四　新しい用例の内容

前節の表1に示した通り、「落とし込む」の新しい用法と考えられるものは合計で九十二例あった。また、図4からも一端が窺えるが、用例を具体的に見てみると、新しいことに加えて急速に独自の発展を遂げつつある模様で、その意味内容にはかなり多様なものが含まれているように感じられる。そこで、可能な範囲でこれらを意味的な面から

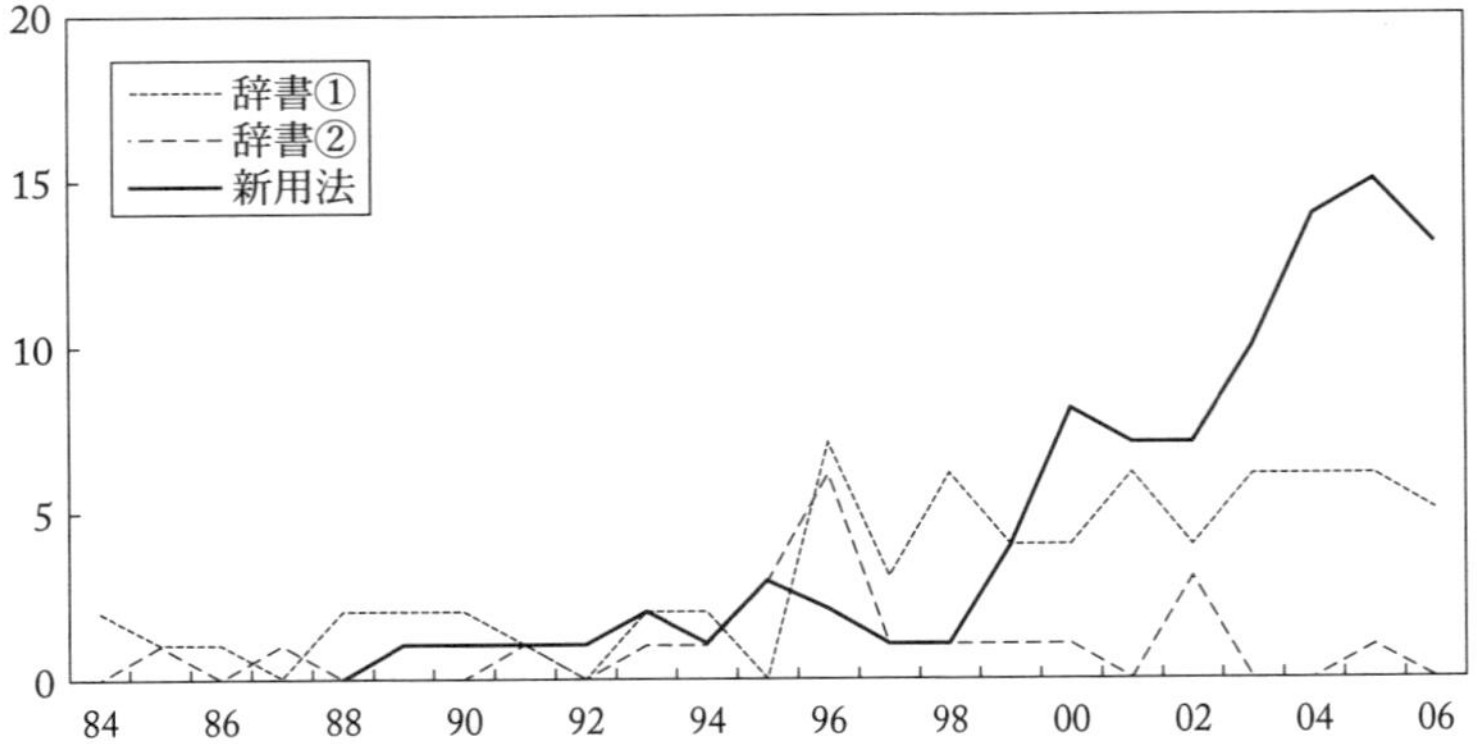

図４　朝日新聞における「落とし込む」の意味別出現数の推移

更に分類してみると、大きくは次の三つないし四つの種類に分けられそうである。具体的な用例を示しつつ、それぞれの場合について説明を加えてみることにしよう。

a．（データなどを）入力する。また、（情報を）地図に入力する（＝プロットする）。

① シンガポールでは、一九九四年十一月に、国立シンガポール大学が聾唖者協会のパソコンをインターネットに接続、九五年には障害者のホームページも立ち上げた。今年末までには、専用ソフトを落とし込むと、パソコンの文章を点字にしたり、読んでくれたりするシステムを完成させる。（一九九六年八月二三日）

② 来年三月発売予定のソフト「日米間プロ野球」は本物らしさを重視した。「アニメのスーパーヒーローみたいな感じ」。実際のデータを落とし込んでできたバーチャルなイチローを、スタッフのリーダー李元志優さん（三六）はこう例える。（二〇〇一年一二月二一日）

③ 開発担当者は、環境保全局に置くコンピューターの端末で、計画地域の地図上にデータを落とし込む。数種類のデータを一枚の地図に表すこともでき、地域の状況がひと目で分かる。（一九九五年一一月五日）

④ 被災直後に撮影した航空写真をもとに、職員五人が三月から九カ月ほどかけて被害の様子を地図に落とし込んだ。（二〇〇五年一二月二二日）

新聞の用例において、この場合が特に初期に集中しているというわけではないが、新用法の成立（誕生）という点から見ると、最も基本的なものではないかと考えられるものである。というのは、例えば①や②の例などで見ると、「落とし込む」という表現がいわゆる「ダウンロード（download）」(16)の意味で使用されている可能性が非常に高く、コンピューター関係の仕事に携わる知人によれば、日常的に使用する用語であるとのことであった。この用例は言うまでもなく、全てコンピューターやIT関係に関わる部分の記事に現われるものである。

また、「(データを）入力する」という意味で、これとほぼ同様の意味を表していると考えられるのが、③や④のような地図に表わす場合の例で、その方面では定着した用法となっているのか、全期間を通じて安定した用例が見られ、その数も多い。なお、ここに分類した例には、必ずしもコンピューターを使用しているとは限らない場合のものも見られ(17)、その場合は、「地図にプロットする」という意味で「落とし込む」という表現が一般に拡張されて使用されている可能性も考えられる。

b. 具体的に示す、具体化して説明する。或いは、（そうした上で）意見などをまとめ上げる（＝折り合いをつける）。

⑤　どこまで共通の合言葉に実質を持たせ、具体的な手法に落とし込んで人と組織の変革のテコに用いられるかがカギだろう。（二〇〇二年七月二〇日）

⑥二つの困難に直面する中で、軍縮の理念を現実の政策にどう落とし込み、さらに具体的な成果にどう結びつけるか――。
（二〇〇三年九月五日）

⑦「運輸省寄りの二人と熱田派寄りの二人の意見を隅谷氏がどこに落とし込むか」当初はそう考えていた人が多かった。
（一九九三年六月八日）

⑧判定者のレベル差などで不公平にならないよう絶対評価を相対評価に落とし込んでいるが、従業員が納得できる仕組みが見つからない。
（二〇〇二年一二月三〇日）

「はじめに」の中で挙げた『ミクシィ』笠原氏の用例もここに含まれるが、新しい用法の中で最も目につき、かつ用例の数としても多いのが、この場合である。パソコンなどにダウンロードすることによって生じてくる状況そのものが、こうした用法の元になったものであろうか。この用法の中で最も基本的なパターンは、「X（抽象的なもの）をY（具体的なもの）に落とし込む」というもので、例の⑤や⑥がそれに当たり、ここにも見られる通り、「具体的な（に）」「現実の（に）」などに加えて、「具体化して」「目に見える形で」「形あるものに」「数字に」「日常的なものに」「〇〇レベルに」などの表現が共起する場合が多い。また、このような意味で「落とし込む」方法を探るというような場合には、「どう」「どうやって」「どのように」などのことばが現われる場合も少なくない。そして、この用法が更にもう一歩進んだと考えられるのが例⑦⑧のような場合で、この段階になると、「落とし込む」元であるヲ格の補語と先であるニ格の補語の関係は、かなり多様かつ曖昧なものとなっている。

その両者の関係の一部を表のようにして示すと、次のようになる。

元（ヲ格補語）	先（ニ格補語）
二人の意見	どこ
絶対評価	相対評価
メンバー	登録人数枠
言葉	音のリズム
「医療もの」	人情やメロディー
気持ち	一冊
怒りと発想	ドラマという枠に

そして中には次に挙げる⑨のような例も見られ、この場合の二つの補語である「お題」と「世俗的な概念」の関係を考えると、この項目の基本にある「抽象から具体へ」という方向も希薄なものとなって、あたかも「何でもあり」といったような様相を呈していると考えられる。

⑨　それを黒川氏はバブル崩壊後の閉塞が続く日本の建築界に重ね合わせ、「お題」は共同監修の隅研吾氏によって「貧乏」という世俗的な概念に落とし込まれた。（二〇〇一年九月二〇日）

c．（入力するように）身体などに覚えさせる。

⑩「形」を作り、「心」でろ過し、役柄を体に落とし込んで新しい航路へと漕ぎ出すそうだ。（二〇〇一年三月二八日）

⑪「演技は自分ではない人間に自分を落とし込む行為。すべての役に共感する一方で、僕が共感できるかどうかなんてどうでもいいとも思う」（二〇〇六年一一月六日）

この用法は、新聞に現われた用例を見る限りでは、二〇〇〇年以降の比較的最近のもので、用例の数自体はさほど多くないが、これまで見てきたaやbの例とは印象の異なる、かなり特徴的なものである。基本的なものは例に挙げた⑩⑪のように、役柄などを「自分（人間）」や「（自分の）身体」に覚えさせるというものであるが、そこから更に発展したような、次に示す⑫や⑬のような例も現われている(18)。いずれにしても、データやそれに準ずるものを、人間（の意識）の中に入れ込んだり覚え込ませようとしたりしているという点に、特色が見られる(19)。

⑫「今は、描く対象に対する自分の気持ちが表現できるんです。対象を一度、自分の世界に落としこんで、頭に浮かんだことをキャンバスにぶつけました」と話す。（二〇〇四年六月一〇日）

⑬　強気な言動と裏腹に、チームづくりはきめ細やかだ。春シーズンは「百個ほどの技術や言葉を落とし込んだ」。選手に各項目の出来を自己評価させ、長所と短所を把握させた。
（二〇〇七年一月二三日）

d．判断が難しい例（以下は、a～cの中には分類しにくいが、かと言って、一様の意味を有するものでもない。）

⑭　「本物」と「分身」を三分割した画面に落とし込む映像が頻繁に出てくる。三つ目の画面を埋めるものは、いったい何だったのか。
（二〇〇三年一〇月三一日）

⑮　京鹿の子絞の技法は約五十種もあるという。〝絹のキャンバス〟に落とし込まれた様々な絞りの凹凸は、油絵の表面のデコボコ感を見事に表現している。
（二〇〇五年九月三日）

これらの例は、例えば⑭の場合はaに、また⑮の場合はbに、無理に分類することも可能のようには思われるが、文が意味するところの状況がどうしても分かりにくいところがあり、スッキリとは分類できないところが残る。

また、それとは性格が大きく異なるが、次のような例もある。

⑯　この流れを一層確実なものとし、対外経済関係を対決の図式の中に落とし込まぬよう、金融政策を含め、慎重な対応が求められている。

（一九八九年五月二日）

⑰　不況下で財政再建を優先すると、追い打ちをかけ、経済を再起不能状態に落とし込んでしまう。

（二〇〇三年一一月二日）

これらは、意味としては、「陥《おち》らせる」とか「陥《おとしい》れる（＝落とし入れる）」といったもので、ネガティブな状況の中にまさに「落ちて中に入る」という点で、『日国』の②の用法とも共通する部分があるが、そちらが人間や心理に関わるものであったのに対し、こちらはほとんどが経済などの状況について使われている点に相違が見られる。そして、これらと関わりのありそうな、次のような例も見られる。

⑱　現在、（公債の）発行額の累積は約一兆五千億円。累積を少しでも減らしていくために、知事は「数年は二千億円台前半に落としこみたい」としている。

（一九九五年一二月七日）

⑲　岡崎市長は「職員には痛みを伴うが、可能な限り支出を落とし込む。四月から直ちに、事務事業をゼロベースから見直し、事業の民間委託も考えたい」と厳しさをにじませつつ……。

（二〇〇四年三月二日）

これらの例になると、「（公債の）累積」や「支出」を、単に「落とす（＝減らす、削減する）」と

表２　「落とし込む」新用法の意味別出現数

	a	b	c	d	計
1989				1	1
1990		1			1
1991				1	1
1992				1	1
1993		2			2
1994		1			1
1995	2			1	3
1996	1	1			2
1997		1			1
1998		1			1
1999	2	1		1	4
2000	3	3		2	8
2001	3	3	1		7
2002	1	6			7
2003	3	5		2	10
2004	2	10	1	1	14
2005	8	6	1		15
2006	4	7	2		13
合計 （%）	29 （31.5%）	48 （52.2%）	5 （5.4%）	10 （10.9%）	92 （100%）

いうのと変わらず、「～込む」の相手先（ニ格補語の部分）の存在は必要がなくなり、「落とす」の単なる強調形のようなものとなっているようにも思われる。

二・五　新しい用法の意味別出現状況

前節において、「落とし込む」の新しい用法と考えられる例を、大まかに四種類に分類してみたが、それらの、年次ごとの出現状況を一覧にしてみたのが、上の表2である。

表で見てみると、aは一九九五年以降、ほぼ毎年安定した形で用例の出現が見られる。〇五年を除くと出現数にも増減が少なく、今後も安定的に使用されてゆく可能性が高そうである。またbは、一九九〇年から用例が見られるが、九〇年代が散発的で数も少ないのに対して、二〇〇〇年以降は用例数の伸びが急速に進んでおり、今まさに流行の中にいるような状況である。（dは、性格の異なる例をまとめている影響があるかもしれないが、一九八九年以降、散発的な出現が続いている。）そうした出現期間の比較的長いものに対して、cの場合は、全体の用例数が少ないこともあるが、二〇〇一年以降に限られており、かなり最近現れてきた用法である可能性が高い。今後の動向への予想は難しいが、更に用例を増やしてゆく可能性も十分考えられよう。

そして、前節で分類を試みた通り、短い期間にこれだけ多様な意味・用法が生まれたり発展したりしている状況を考えると、この「落とし込む」という表現は、今後もしばらくは変化や拡大を続けたりしながら、更なる展開を見せる可能性が高いのではないかと予測されるのである。

二・六　その他の例

以上、複合動詞「落とし込む」を例として、その定着と発展の様相を調べてきた。「立ち上げる」「落とし込む」に続く第三の例を捜索中であるが、残念ながら今のところはそれに相応しい例は見つかっていない。ただし、必ずしもコンピューターやＩＴ関連のことばではないが、経済活動や産業などの方面から近年急に使用され始めたと考えられる複合動詞は存在し、その一例としては「売り上げる」が挙げられるのではないかと思う。

「売り上げる」に関しては、名詞形としての「売上げ」ということばはもちろん昔から存在するが、それを動詞化した形は、以前も存在しなかったわけではないだろうが、近年はとても頻繁に目にしたり耳にしたりするような気がする。この動詞形の場合も「落とし込む」の場合と同様に、普及版の辞書には複合動詞としての項目はなく、項目があるのは大型辞書に限られるようなので、「落とし込む」と同様に、『日本国語大辞典』から内容を引用してみることにする。

うりあげる【売上】〔他ガ下一〕①商品などを売りつくす。売り終わる。＊日葡辞書　②売り終わって、代金を収める。

しかし筆者の印象では、最近特によく使用される場合の意味は、辞書の引用にある①の意味でも②の意味でもなく、「(予想以上の) **大きな売上げを記録する**」というものであるように思われる。参考までにそうした意味を持つ典型的な用例を、近年の朝日新聞の記事から二つ挙げてみよう。

・価格は税込み四千九百八十七円。発売初日で完売店が続出。現在も供給が追いつかず、予約注文を一時停止する販売店もある。発売前は年間十万台を発売目標に掲げていたが、実際は、予想に比べて三倍近い台数を売り上げている。（二〇〇六年三月一〇日）

・帝国データバンク長岡支店によると、「〇〇旅館」は三十五年創業し、上越新幹線の越後湯沢駅近くに位置し、ピーク時には七億円を売り上げた。しかし、スキー客は九二年ごろを境に減少。

九一年十二月に本館増築を終えるなどの設備投資が負担となり、ここ数年は苦しい経営が続いていたという。

（二〇〇六年五月二三日）

また、「落とし込む」の場合と同様に、「朝日新聞」記事データベースの『聞蔵』を利用して一九八四年以降における「売り上げる」の年次別出現数をグラフにしてみたところ、次の図5のようになった。（名詞形と区別するために、「売り上げる」「売り上げた」「売り上げて」の三種の文字列で検索した分の合計を表示。また、表記の面では、「売り上げる」「売りあげる」「売上げる」「うり上げる」「うりあげる」の五通りを対象。）

そして、意味的な特徴を調べるために、年ごとに最初の五例を対象とする計百十五例（五×二十三年分）のサンプル調査をしてみたところ、「（予想以上の）大きな売上げを記録する」というものが百五例（約九一％）、「（単に）売上げを記録する」というものが十例（約九％）で、複数の辞書に挙げられている「売り尽くす」の意味のものは一例もなかった。

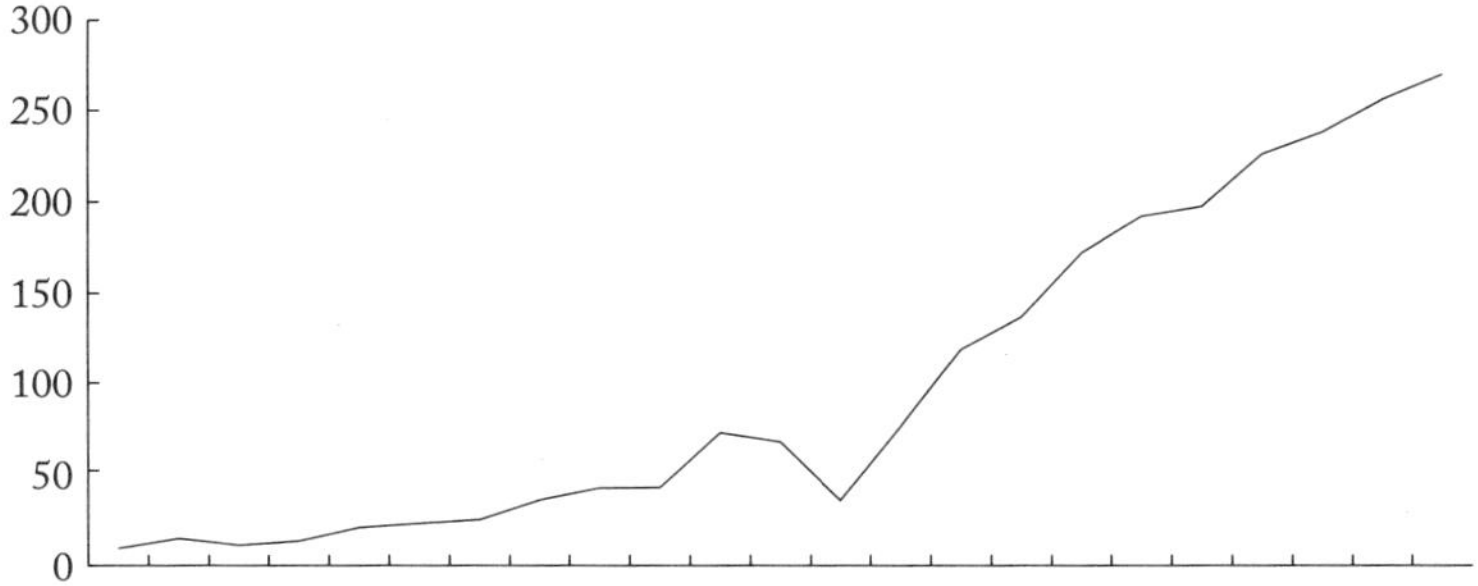

図5　朝日新聞における「売り上げる」の用例の年次別出現数の推移

図5における一九九〇年代後半以降の急速な伸びを見てみると、「（予想以上の）大きな売上げを記録する」という新しい意味を担う複合動詞「売り上げる」も、今後更に発展する可能性の高い、新しいタイプの複合動詞の一つと言えるのではないだろうか。

二・七　おわりに

ここでは、二〇〇七年の現在まさに、語や用法としての展開や変化の真っ只中にあると予想される複合動詞の「落とし込む」、及び「売り上げる」を例として、新しいタイプの複合動詞の成立と定着の様相について考察してきた。今後この他にどのような語が、更に生まれたり発展したりしてくるかは不明だが、現代社会におけるパソコンやＩＴ関係に関わる部分の重要度の増加傾向から考えると、「立ち上げる」やこれらの例に続く語の出現の可能性は、十分高いと言えるのではないだろうか。

語の種類という点でも、実際の場面での出現数（頻度）という点でも、日本語の動詞の表現において重要な役割を担っている複合動詞(20)は、新しい社会や文化の到来に対しても、その形式上の柔軟さを力として更なる発展を遂げる可能性があり、今後の展開が注目されるところである。

注

（1）「～的」の他にも、「～のほう」「～とか」「～かな、みたいな」といった表現が、同様の例として挙げられている。なお、

「ワタシ（私）的には…」は二〇〇〇年の『日本新語・流行語大賞』トップテンに選ばれており、こうした点からも、世間一般から注目された表現であることが分かる。

（2）山下（一九九九）の示す数量的な割合は、『日本経済新聞』のCD-ROM（一九九四年版）から採集した二万二千二百一の用例を分析したものである。以下でも同様。

（3）一・二の（2）先行研究のまとめでも示したように、「〜的」に後接する形式としては、「な」「に（は）」「だ」「で」「と」「の」、及び、他の名詞（「〜的B」の場合）が考えられる。ただし、検索の方法上の問題として、多様な名詞（B）の来る可能性がある「〜的B」の用例数を調べることは不可能であり、また「△△的」の形で検索を行なうと「△△」と「的」とが必ずしも接続していない例をも拾ってしまうため、便宜的に、《「△△的な」〜「△△的の」の全用例数に占める「△△的に（は）」の割合》で計算した。なお、念のために付記しておくと、各棒グラフ全体は、「〜的には」を含む「〜的に」全体の割合を示しており、その下方の網掛け部分は、その（「〜的に」の）中に占める「〜的には」の割合を示すものである。

（4）yahooによる検索結果は日々変動するので、ここで示す数字は目安としてのものである。因みに、今回検索した分は、二〇〇四年四月六日（火）に行なった結果である。また、HP検索では同じものが重複してヒットすることが時々あり、今回の調査における冒頭の百件中には二〜六件の重複が見られたため、そこからの類推では全体としての重複が四％程度あることが推定される。ただし、この条件はどの語の場合にも同様に当て嵌まることを考慮して、数値の調整は行なわなかった。

（5）多様な述語に対する判断には個人差が多いと考えられたので、大学院生一名を含む研究者三名で全用例（計七百例）を調べ、その平均値を示した。

（6）「身長的」から「持ちやすさ的」の八例については、以下に具体例を示しておく。

・AくんとBちゃんはラブラブだけど身長的に合わないよね。
・試合的には面白いけど、私は納得いかない。
・「あの歌いいよね。」「メロディ的にはいいけど、詞がちょっとね…。」
・バラエティー的には面白いけど、問題だよね。

・（ちょっと良さげな人がいて…）見かけ的にはいいんじゃない？
・この家は見た目（め）的に悪いなぁ…。　・あの子とは考え方的に合わないよ。
・持ちやすさ的にはあのバッグがいいけど、デザイン的にはこっちのが可愛い！

（7）なお、主に連体修飾用法に関するものではあるが、最近目に付く句や文レベルの形式に「的」が接続する場合については、山下（二〇〇〇）が詳しく論じている。次はその一例である。

・「皆がやっているから私もやる」的な発想は大嫌いなのだ。（朝日九六、二、一六）

（8）「彼的」から「先生的」の八例については、以下に具体例を一つずつ示しておく。

・彼的には別れたくないんじゃない？　・彼女的には、辛いことだよ。
・あっち的にはよくても、うちらはよくないよね。
・「子供達はどう思うかな?」「子供達的にはイヤがると思います。」
・「どんな女の子がモテるんだろうね?」「男的には、ブリッ子が好きなんじゃない?」
・お母さん的にはダメ？　・親（おや）的には苦しい選択だったネ。
・なんか、先生的には気に入らないらしいよー。

（9）「学校的」から「キッチン的」の八例については、以下に具体例を一つずつ示しておく。

・それって学校的にはいいのかもしれないけど…。
・X（学校名）的には今回の事件をどう思うんだろうね。
・会社的にはOKらしいよ。　・テレビ的には、これってダメじゃない？
・「このお店、趣味が悪いよね。」「まぁ、お店的にはいいと思ってやってんじゃない。」
・Y（店名）的にはくつろぎ重視でしょ？　・係り的には、参加して欲しいな。
・「お勧めメニュー出してもいいですか?」「キッチン的にはOKだけど、ホールは大丈夫?」

（10）内訳は、「わたし的」四十四、「あたし的」二、「△△（自分の名前）的」五、「自分的」三、「ボク的」一、「うちら的」三、である。

（11）文の中の位置が「文中」で、後接形態が「で」となった一例は、次の通りである。

・それはうちら的じゃないよねー。

(12) グラフが煩雑になるため、以下に示す理由で、「時間的」「長さ的」「自分的」の三語は割愛した。
時間的――毎年、最低でも九十例以上あり、このグラフには適さないため。
長さ的――検索したが、一例もヒットしなかったため。
自分的――「わたし的」とほぼ同様の分布を見せているため。

(13) 「わたし的」の場合以上に、その成立過程の証明は難しいと考えられるので注で述べるに止めるが、図1・2、及び図3の場合（グラフにはないが、用例は多数存在――注12参照）を総合して考えると、「属性用法」の成立には、そのような働きをする「時間的」の用例の中の一部のものが関係していると言えるかもしれない。

(14) 些か唐突かも知れないが、「ぜんぜん」と肯定形との共起を論じた野田（二〇〇〇）の「まとめ」の部分には、本稿で報告した「〜的」の新用法の背景と通じるところがあるように思われる。ただし、その証明はほとんど不可能のように感じられるので、ここではそのことを指摘するに止めておく。
なお、これの元になる論文（金澤二〇〇五）とほぼ同時期に執筆されたと思われる小出（二〇〇四）は、同じく「〜的には」という新しい形式に着目して、主に意味的な面から考察を行なっており、興味深い。

(15) 実際の検索では活用の問題を考慮し、検索語は「落とし込」とした。また、表記の面では、「落とし込（む）」「落としこ（む）」「おとし込（む）」「おとしこ（む）」の四通りを調査対象として、それぞれの出現数を合計した。
なお、表中で「つり」と分類しているのは、魚の釣り方の一つに「落とし込み（釣り）」という方法があるらしく、餌を魚に向かって「落とし込んでやる」釣り方のことを表現している場合で、その意味では『日国』の①の意味と解釈することも可能だが、釣りの場合のいわば専門用語とも考えられ、且つ、特に一九九七年以降大量に出現するので、この表では①とは別個に扱った。なお、一九九六年までの用例が少ない（一九九〇年までは用例ナシ）ことについての理由は不明である。（釣りの記事は地方版に載ることがほとんどなので、『聞蔵』における資料の取り方に起因する可能性が高いと考えられる。）

また、「(記事を) 開けない」というのは、著作権の理由により、記事の内容を確認することが出来なかった場合である。（ここに分類した分は、記事の見出しから「つり」の場合でないことはほぼ確実だが、実際の例文はもちろん不明であるため、分類の対象とはしていない。）

（16）「ダウンロード（download）」の説明として、検索情報の中で「ベストアンサー」に選ばれているのは、次のようなものである。

・インターネット上で欲しいデータがあった場合、自分のパソコンに取り入れて保存すること。

ただし、管見の限りでは、「落とし込む」の語源が「ダウンロード（download）」であるとする明確な記述は発見できなかった。

（17）例えば次のような例である。

・……。そのうえで、墓石・灯籠の転倒率や当時の聞き取り調査での記述、さらには周囲の震度との整合も考慮して補正し、関東地震直前に発行された地図にそれらの結果を落とし込んだ。（二〇〇六年九月四日）

（18）ただし⑬の例は二〇〇七年のものなので、参考として挙げただけで、表などでの用例数には数えていない。

（19）むろん、ＳＦ作品などに見られるように、各種データを生身の人間の中に「入力する」と考えればａの意味として捉えることも可能であろうが、現時点では、やはり別個の（拡張された意味の）用法と考えておきたい。

（20）複合動詞の種類や出現頻度に関しては、野村・石井・林（一九八七）や姫野（一九九九）などを参照のこと。

引用・参考文献

浅井真慧他（一九九七）「「何々的」で不自然なもの」（ＮＨＫ『放送研究と調査』一九九七年五月、第七回ことばのゆれ全国調査から②）
遠藤織枝（一九八四）「接尾語「的」の意味と用法」『日本語教育』七一号
金澤裕之（二〇〇五）「「〜的」の新用法について」『日本語科学』一七
小出慶一（二〇〇四）「接辞「〜的」の新しい用法―「〜的には」という用法について―」『群馬県立女子大学国文学研究』第二四号
南雲千歌（一九九三）「現代日本語の「〜的」について」『ＩＣＵ日本語教育研究センター紀要』三

野田春美（二〇〇〇）「「ぜんぜん」と肯定形の共起」『計量国語学』第二二巻第五号
野村雅昭（一九九四）『日本語の風』大修館書店
野村雅昭・石井正彦・林翠芳（一九八七）『複合動詞資料集』（特定研究「言語データの収集と処理の研究」）
朴　大王（二〇〇〇）「接尾辞「的」について―話し言葉における「的」を中心に―」『言葉と文化』創刊号
原由起子（一九八六）「―的　―中国語との比較から―」『日本語学』第五巻第三号
姫野昌子（一九九九）『複合動詞の構造と意味用法』ひつじ書房
広田栄太郎（一九六九）「「的」という語の発生」『近代訳語考』東京堂出版
藤居信雄（一九五七）「的ということば」『言語生活』第七一号
文化庁（二〇〇〇）『平成十一年度　国語に関する世論調査』
丸山千歌（一九九六）「英語の接尾辞“-tic”の訳語「～的」について」『ＩＣＵ日本語教育研究センター紀要』六
水野義道（一九八七）「漢語系接辞の機能」『日本語学』第六巻第二号
矢澤真人（二〇〇五）立ち上げる（北原保雄編著『続弾！問題な日本語』大修館書店）
山下喜代（一九九九）「字音接尾辞「的」について」『日本語研究と日本語教育』明治書院
――――（二〇〇〇）「漢語系接尾辞の語形成と助辞化―「的」を中心にして―」『日本語学』第一九巻第一三号

第七章　その他の〝ゆれ〟

この章では、これまで扱わなかったその他の問題を対象とする。ここで扱うテーマのうち二つは、日本語表現の「ゆれ」として従来から問題にされてきたものであるが、もう一つについては、多分これまではほとんど注目されたことのない問題だと思われる。

まず一で取り扱うのは、様態の否定表現としての「〜なそう（だ）／なさそう（だ）」の使い分けである。一般に、様態の助動詞「そうだ」は、動詞には連用形に付き、イ形容詞・ナ形容詞には語幹に付くが、イ形容詞のうち「よい」と「ない」の場合には、その語幹に「さ」を介して、「よさそうだ」「なさそうだ」となる。ただし問題は、「ない」という形式が、否定の助動詞や補助形容詞として使われたり、派生語あるいはその他の単語の語末に現れたりする場合、その後に「そう（だ）」が続く時に「さ」を介して付くのか、「さ」を介さないで付くのかということが必ずしも明らかではないところにある。一例を挙げれば、「つまらない」という形容詞の場合に、「つまらなそう（だ）」と「つまらなさそう（だ）」の、どちらの形になるかということである。

これは現代日本語の「ゆれ」の問題であり、考えるだけでは解決できない問題である。ただ幸いなことに、今から十五年ほど前にこの問題について一般の日本人を対象にアンケートを行なった調査があるため、それとほぼ同様の方法で今回再度のアンケートを行ない、その結果を比較してみた。その結果の詳細は本文に譲るが、ここで興味深かったのは、母語話者の最近の傾向として顕著な特徴が、たまたま調査対象の中にいた日本語学習者たちの示した実態の方に、あたかも将来向かってゆくかのような様相を見せたことである。

次に二では、願望を表わすタイを述語とする文で、直接目的語を格表示する助詞としてガとヲのどちらを使用するかの問題を取り上げる。この両者の使い分けに関しては、これまでの先行研究も多く、そのルールもほぼ明らかにされているが、意味的にほとんど差がないと言われる、例えば「水ガ／ヲ飲みたい」というような表現の場合の、最近の使用の実態や今後の方向性について用例を調べて確認してみる。また、日本語学習者の場合についても調査を行ない、この場合ももしかすると、日本語母語話者の今後の方向が、意外にも現在の学習者たちの使用実態の方に向かっている可能性があることを指摘する。

最後の三で取り扱うのは、「～と思う。」構文における引用節末尾の「だ」の脱落の問題で、例えば、「……、行きたかったら行けるから便利と思う。」というような表現のことである。この表現については、これまで言及されたことはほとんどなく、多くの人にも意識されていない問題であるが、日本人によって書かれたものを調査してみると、意外に「ゆれている」表現であることが分かる。また、文脈などの状況によって、ある程度の特徴が見られることも分かった。この「ゆれ」については、文法面での問題も含めてまだまだ検討しなければならない点もあると考えられるが、こうした現象の発見と実態の報告といった面から、現在の状況の一端を紹介してみたいと思う。

一　様態の否定「〜なそう／〜なさそう」の〝ゆれ〟

一・一　はじめに

ここでは、現代日本語における文法的な〝ゆれ〟の現象の一つとして時々話題に上ることがある、様態の否定の一形式である「〜なそう／〜なさそう」の問題について、最近の状況を、主にアンケート調査に基づいて報告してみたい。

一・二　問題の所在

この現象については、特に説明は必要ないかもしれないが、最近、要を得た記述が発表されたので、まずそれを引用してみることにしよう。それは、ベストセラーにもなっている北原保雄編『問題な日本語』（二〇〇四）所載の、小林賢次氏による「知らなさそうだ」の項目である。

知らなさそうだ

［質問］「本当のところ彼は何も知らなさそうだ」のように、「知らなさそうだ」という言い方をよく耳にしますが、間違いではないでしょうか。

［答え］形容詞の「ない（無い）」の場合は、「自信がなさそうだ」のように「なさそうだ」の形になりますね。これに対して、助動詞「ない」（動詞、動詞型活用の助動詞の未然形に付く「ない」）の場合は、本来の形は「知らなそうだ」のように「…なそうだ」となるところです。『明鏡国語辞典』では次のように説明しています。

助動詞「ない」が様態の助動詞「…そうだ」に接続するときは、「知らなそうだ」「すまなそうだ」のように、語幹相当の「な」に直接続くのが一般的だが、形容詞「ない」と同様に、「知らなさそうだ」「すまなさそうに」のように「さ」を介することもある。（助動詞「ない」の項。語法（4））

この説明は事実を述べるにとどめたものですが、現在ある程度広まっている言い方（俗用）として認め、誤用とまではみない立場です。形容詞の「ない（無い）」と助動詞の「ない」とは、しばしばその識別などが問題になりますが、形容詞の場合の「なさそうだ」の類推で、助動詞の場合も「さ」を介することが生じだしたのです。

形容詞の場合、「ない」「よい」が「そう」に接続する場合、語幹（活用語の中の、変化しない部分。形容詞「ない」の語幹は「な」、「よい」の語幹は「よ」）が一音節で音数的に不安定なため「さ」

を介するようになったのですが、実は、様態の助動詞「そうだ」（「さうなり」）が成立した室町時代には、もともと「ない」「よい」の場合も、「高そう」とか「少なそう」などと同様、語幹が直接「そう」に接続し、次のように「なそう」「よそう」の形で使われていたのです。〔例は省略〕もっとも、「なそう」「よそう」とともに、「なさそう」「よさそう」の形の例もかなり古くからあり、ゆれている状態を経て、江戸時代の中ごろに「さ」を介入する形に定着したようです。現代は、それが助動詞の場合にまで及ぼうとしている状態ということになります。〔五二―五四頁〕

一・三　「〜ない」の形をとる形容詞

前節で紹介した小林氏の記述などからも明らかな通り、現時点では、形容詞「ない（無い）」の場合は「なさそう」で安定しているため、中心的な問題は、助動詞「ない」の場合の動向ということになる。ただし、その周辺を細かく観察して見ると、様々なケースの「〜ない」の形をとる形容詞（以下では「ナイ型形容詞」と呼ぶ）があって状況は意外に複雑である。

実は、この点について、アンケートによりかなり詳しく調査した先行研究がある。日本語教育誤用例研究会『類似表現の使い分けと指導法』（一九九七）所載の、福島泰正氏による《「〜なそう（だ）」「〜なさそう（だ）」》の項目である。福島氏はここで、次節で詳しく触れる一九九一年時点での調査結果を基にしてナイ型形容詞を四種に分類した上で、その調査結果を次のように示しているので、それを先に紹介する。なお、判定で使われている◎×などの記号は、それぞれの「許容率」（次節で詳述）を次のような分類で表わしたものである。

◎＝八〇％以上　○＝八〇〜六〇％　△＝六〇〜四〇％　×＝四〇〜二〇％　※＝二〇％未満

（1）「少ない」「危ない」「汚い」「幼い」など「ない」で終わる形容詞（これらの「ない」は否定の助動詞ではない）。

「なそう」◎

「なさそう」×

（2）「おいしくない」「おもしろくない」など形容詞の否定形。「食べたくない」「行きたくない」など「〈動詞〉＋たい」の否定形。

「なそう」※

「なさそう」◎

（3）「申し訳ない」「情けない」「頼りない」「もったいない」など、「ない」の前に切れ目を感じさせる派生形容詞。

「なそう」※、×、△

「なさそう」◎（一部○）

（４）「つまらない」「くだらない」「すまない」など動詞の否定形から派生したイ形容詞、および「知らない」「わからない」などのような動詞の否定形。

「なそう」　○（一部△）

「なさそう」○（一部△）

そして、その結果について次のようにまとめているが、一般的な傾向としてはもちろん首肯できる内容である。

以上のように、「ない」という形式とその前の形式の熟合度が強い場合には「〜なそう」の形をとり、熟合度が弱く、「ない」という形式に否定の意味が感じられる場合には、「〜なさそう」の形をとると一般化できそうである。「〜なそう」か「〜なさそう」かが問題になるのは「（４）」の「〈動詞〉＋ない」に「そう（だ）」が付く場合である。

その場合にも右の一般原則を当てはめて考えることができそうであるが、具体的にそのどちらが選ばれるかは、文脈が大きな役割を果たしていると考えられる。〔二一二頁〕

一・四　「福島調査」（一九九一）と「金澤調査」（二〇〇六）

さて、前節の中でも少し触れたが、福島氏によるこの件に関する調査は、実際には一九九一年に行なわれたものである(1)。一九九一年と言うと、現在より十五年余り前のことになるが、今回は、この「福島調査」（一九九一）を基にして、その十五年後の状況を調査した上で、結果を比較検討しようとするものなので、まず先に、福島調査の主な内容を紹介しておく。

調査期間は一九九一年六〜七月で、京都の大学生を中心とした三百六十二名を被調査者として行なわれたものである。調査方法は、以下に例で示すような（　）付きの文を（多分）二十一文提示し、その中に「なそう」「なさそう」を入れた時にそれぞれどうなるかを、○△×の記号で答えるという方式で行なわれている。三つの記号の基準とは次のようなものである。

○：普通に使うもの　　△：よくわからないもの　　×：普通は使わないもの

（例）　つり橋があぶ（　）だったので、回り道をすることになった。

また、それぞれの語が獲得した○△×の記号の数を集計し、○＝一点、△＝〇・五点、×＝〇点として合計し、これを有効回答数で割り、それに百を掛けたものを「許容率」として計算している。（詳

しい結果は後の表1で示す。〕

これに対して筆者による今回の調査は、基本的に「福島調査」を踏襲するものである。ただし、場所は筆者の現在住地である横浜市で、当地の二つの大学に所属する二百九十七名の大学生を対象として実施した(2)。また、提示した質問文は、福島調査の場合と内容は基本的に変えていないが、被調査者の負担や混乱を考慮して、数は十二文に減らしている。二つの調査に共通する十二の場合について、その具体例を金澤調査分で掲げ、併せて両調査における「許容率」の結果を表1でまとめて示す。また、理解の便宜から、二つの調査結果の折れ線グラフを別個に、図1・2の形でその後に表わしてみよう。(例示の順番は、「福島調査」における「～なそう」の数値の少ない順に拠る。)

① みんなから指摘《してき》され、彼は面目《めんぼく》（　　　）な顔をした。
② メニューの写真は、いかにも美味《おい》しく（　　　）だった。
③ そのやり方が、一番問題が少《すく》（　　　）だ。
④ 彼だけがその事件を知ら（　　　）だった。
⑤ 大丈夫《だいじょうぶ》かと聞くと、彼は頼《たよ》り（　　　）にうなずいた。
⑥ 外出した弟がつまら（　　　）な様子で帰ってきた。
⑦ 彼はあれだけ食べても、まだ足り（　　　）な感じだ。
⑧「まだ使えるのに…」と、彼は勿体《もったい》（　　　）な顔をした。

表1　福島調査（1991）と金澤調査（2006）の結果

	「なそう」		「なさそう」	
	〈福島〉	〈金澤〉	〈福島〉	〈金澤〉
②美味しく—	2.8	8.1	99.2	100.0
⑪食べたく—	4.1	15.2	99.7	99.3
①面目—	4.7	3.7	98.1	98.0
⑤頼り—	24.7	20.2	97.1	99.2
⑧勿体—	51.5	36.4	82.3	96.0
⑩分から—	58.6	87.9	73.2	73.9
⑦足り—	62.8	83.8	72.7	82.5
④知ら—	69.8	85.7	72.3	80.6
⑫済ま—	74.4	87.4	65.1	65.7
⑥つまら—	76.7	90.1	68.7	67.0
⑨危—	93.1	92.4	36.0	62.8
③少—	94.1	95.1	39.8	67.5

⑨　吊《つ》り橋が危《あぶ》（　　）だったので、回り道をした。

⑩　皆が分《わ》から（　　）な顔をしたので、図を描いて説明した。

⑪　子どもたちはあまり食べたく（　　）な様子だった。

⑫　本当に済《す》ま（　　）な様子で謝《あやま》ったので、信じてしまった。

一・五　調査の結果

調査の結果について考えてみよう。まず全体の様相を比べてみると、例えば図1・2からも分かるように、部分的な出入りは別として、「左側が大きく開いたX字」になっているという点で大体同様の傾向を示していることが分かる。また参考までに、表1における二つの調査それぞれの平均

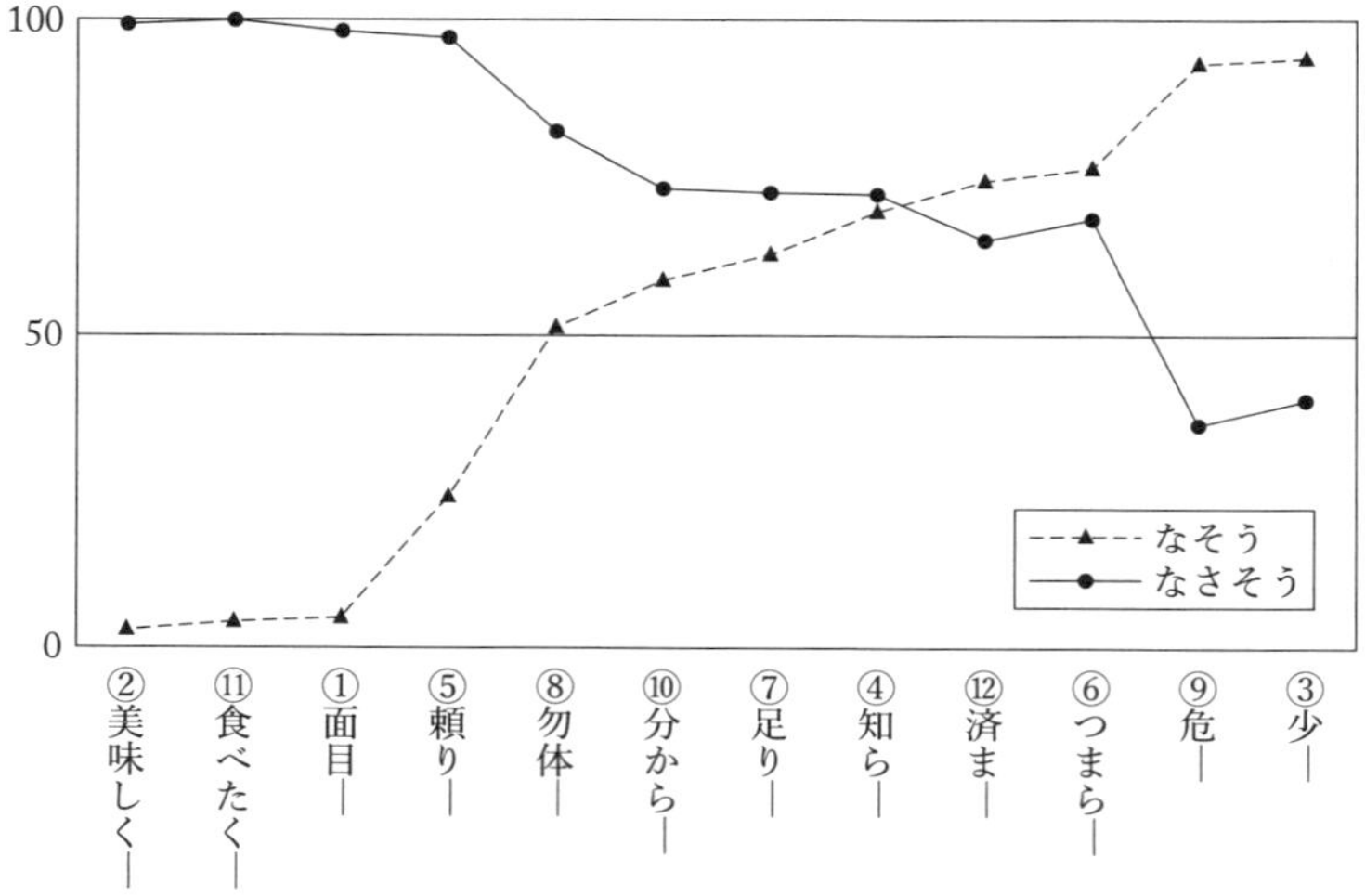

図１　福島調査（1991）

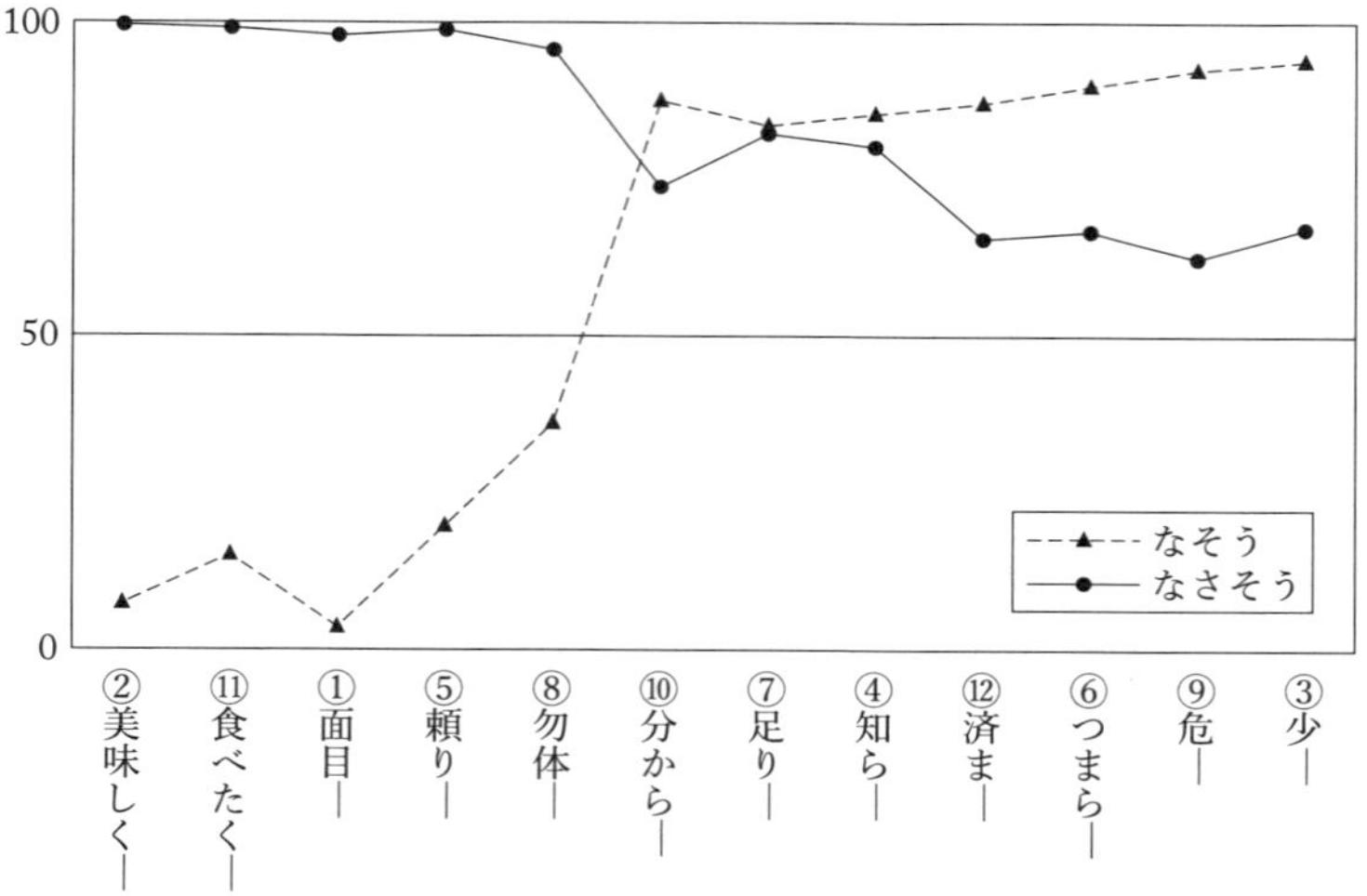

図２　金澤調査（2006）

値を計算してみると次のような結果となり、「〜なそう」「〜なさそう」ともに今回の方が「許容率」が七％余り高くなってはいるが(3)、両者の関係はほぼ似たような傾向になっていると言える。

	「〜なそう」	「〜なさそう」
「福島調査」（一九九一）	五一・四	七五・四
「金澤調査」（二〇〇六）	五八・八	八二・七

次に、もう少し部分的に両調査の結果を分析してみよう。分析に当たっては、一・三で挙げた、福島氏による（1）〜（4）の四つの場合に分けて見てみる。

まず（1）の、たまたま語末が「ない」となっている（この「ない」には否定の意味がない）「少ない」「危ない」の形容詞の場合〈③、⑨〉は、「〜なそう」についてはほとんど変わりがないが、「〜なさそう」の場合に、三〇％台から六〇％台へと約二倍の大きな伸びを示していることが目に付く。この点については、後で少し詳しく言及することにする。

次に（2）の、「美味しくない」の形容詞否定形や「食べたくない」の助動詞「たい」（イ形容詞型活用）の否定形の場合〈②、⑪〉は、全体の傾向とも重なって、元来ゼロに近い「〜なそう」の数値が今回ある程度上がっているとは言え、基本的に「〜なさそう」を取るということで、大きな変化はないと言える。

また（3）の、「面目ない」「頼りない」「勿体ない」といった、「ない」の前に切れ目を感じさせる派生形容詞の場合〈①、⑤、⑧〉も、数値のとても高い「～なさそう」に対して、大体が五〇%にも達しない「～なそう」という分布で、ほとんど変化は見られない。

最後に（4）の、「つまらない」「済まない」の動詞の否定形から派生したイ形容詞や「知らない」「足りない」「分からない」といった動詞の否定形の場合〈⑥、⑫、④、⑦、⑩〉は、それぞれの語においても両者が拮抗しているという点では二つの調査とも似た傾向ではあるが、今回の場合は、たとえわずかずつでも、全ての例で「～なそう」の方が「～なさそう」を上回っているというのが、特色と言えば特色である。

一・六　「少ない」「危ない」の場合の変化

前節で詳しく見たとおり、間に十五年の期間を挟んだ二つの調査で明らかになった最も顕著な変化は、「少ない」「危ない」といった、たまたま「～ない」という形式は持つが否定の意味はない形容詞の場合の、「～なさそう」の「許容率」の上昇である。そして、その点に加えて更に注目したいのが、図2からも明らかな通り、それらの「許容率」が、「つまらない」「済まない」といった動詞の否定形から派生した形容詞の場合の数値と全くと言っていいほどに同じ状況になっているということである。ここでは、「ない」の持っている元々の意味合いはほとんど消えてしまっていると言え、否定の意味を有しているかどうかに関わりなく、語末に「〜ない」の形式を有するという形態的な特徴を共有する「ナイ型形容詞」の全てにおいて、「〜なさそう」という表現に対する許容意識の面で、ほとんど似通った感覚が共有されつつあるという現象が注目されるのである。

一・七　日本語学習者の場合と将来の可能性

一・四でも触れた通り、今回の「金澤調査」（二〇〇六）は、二つの大学に所属する大学生を対象として、それぞれへの授業の中で実施されたものであるが、調査対象とした母集団の中にたまたま、意外に多数（両校の合計で三十三名）の日本語学習者（留学生）が含まれていることが、集計の時点でフェイスシートから判明した。彼らへの調査結果は、むろん先に示した表1の数値からは除外しているが、アンケートそのものは全く同じ条件で実施していたため、試みにその集計結果をまとめてみたところ、次に示す表2（図3）のようになった（4）。

図3の折れ線グラフの方が分かり易いと思うが、先に示した母語話者による図1・2の場合と比較してみると、「〜なそう」「〜なさそう」の二つの折れ線グラフが、一部（⑥「つまらない」）で接近はしているものの、全く交わっていないことが注目される。言うまでもなくここでは、今回調査対象とした全ての場合において「〜なさそう」が優位に立っており、部分的に「〜なそう」とのゆれは考えられるが、基本的に「〜なさそう」の方に偏りつつある様子が観察できるのである。

表２　日本語学習者の結果（2006）

	「なそう」	「なさそう」
②美味しく―	13.6	100.0
⑪食べたく―	9.1	98.5
①面目―	13.6	90.9
⑤頼り―	33.3	92.4
⑧勿体―	33.3	89.4
⑩分から―	30.3	83.3
⑦足り―	48.5	74.2
④知ら―	53.0	71.2
⑫済ま―	47.0	78.8
⑥つまら―	66.7	71.2
⑨危―	56.1	69.7
③少―	48.5	80.3

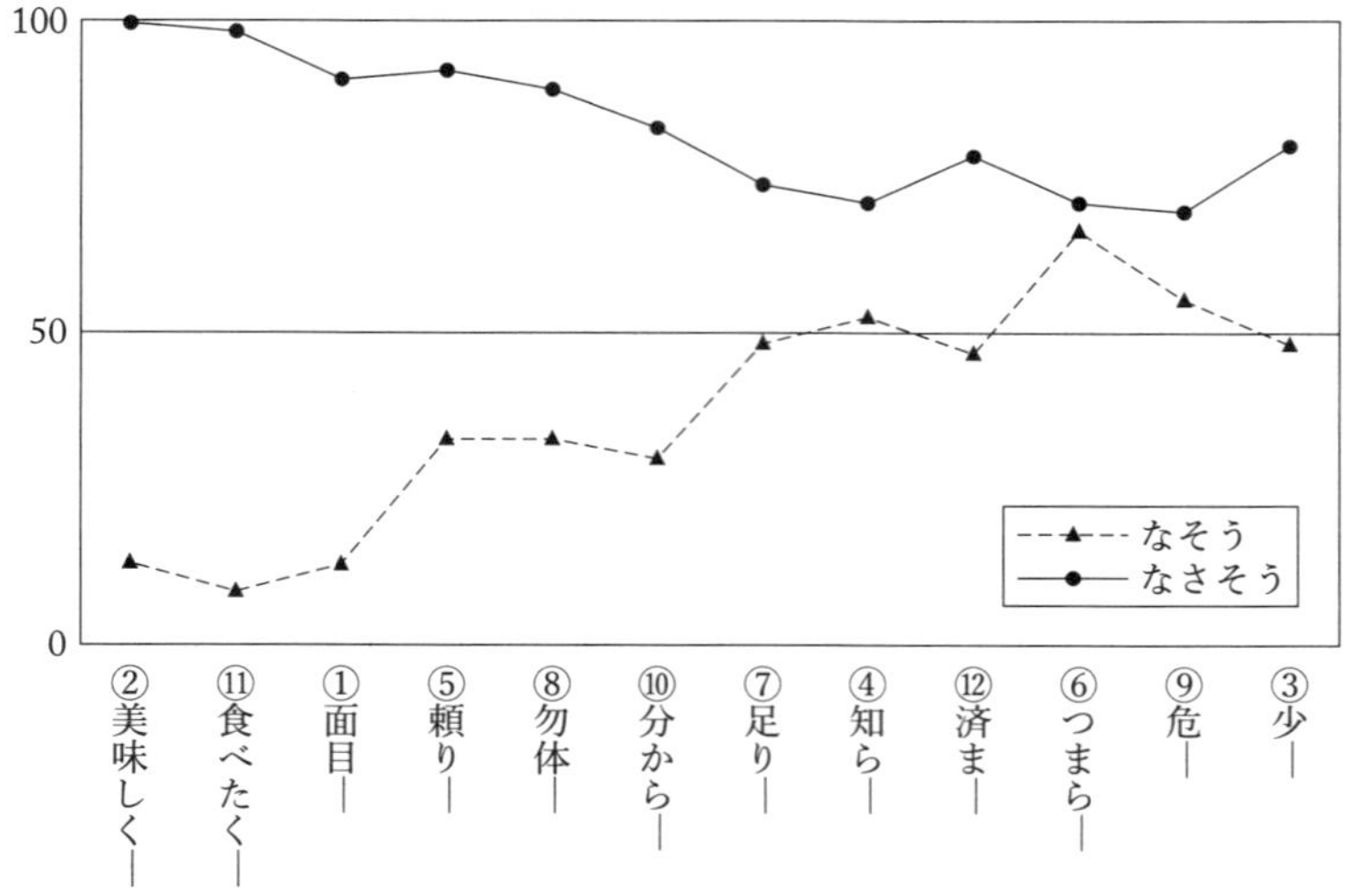

図３　日本語学習者の場合（2006）

確かにこの結果は、未だ日本語の学習途上にあり、もちろん日本語による表現が完全なものではない留学生たちの判断に基づくものである。しかし、先に示した図1・2における、日本語母語話者の若者たちによる近年の動向を勘案してみると、かなり大胆な予測であると言えるかもしれないが、筆者には、ここに掲げた日本語学習者の状況（図3）が、将来の日本語母語話者（の若者）の状況を映し出す鏡になっているのではないかという思いが浮かぶのを禁じ得ない。そして、この方向に進んでゆくと仮定すると、その先には、「ナイ型形容詞」における様態の否定の表現は、「〜なさそう」の形に統合される日が来ることが想定されるのである。

もちろん、これからの日本語の変化に関して安易な予想をすることは許されないが、少なくとも近年の動向から予想される将来の可能性の一つとして、全ての「ナイ型形容詞」において「〜なさそう」が高い許容率を示して一般に認められる形式となってゆくことは、十分に考えられることである。とすると、母語話者における将来の方向が現在の日本語学習者の状況に近付いてゆくという一見奇妙な推測も、強ち簡単に否定できるものではなく、今後の動向を一層注意深く見守ってゆく必要があると言えるのではないだろうか。

二　タイ構文における「～ガ／～ヲ」の〝ゆれ〟

二・一　はじめに

「水が／を飲みたい」というような願望を表わすタイを述語とする文の直接目的語の格表示に使われる助詞には、ガとヲがある。この両者には意味上の違いはないと考えられ、同一話者による連続した発話の中でも、両者が混用されて使用される例がある。このガとヲの交替（選択）の問題に関しては、これまでさまざまな研究があるが、そのほとんどは、両者の使い分けのルールに関するものである。

ここでの目的は、使い分けのルールについて論じようとするものではないので、その点については、比較的最近の研究で、しかも共に包括的にまとめられている庵（一九九五a、b）及び、山内（一九九七）を参考にすると、概ね次のような状況である。

①　基本的に全ての場合において、ヲは使用可能である。

②　ある種の場合において、ヲがガに交替することが可能である。

③　ガが選択されやすいのは、補語が述語の焦点になる場合と、感情の表出が強い場合である。

また、これらの研究には、書きことばによる実際の言語資料を対象とした実態調査の結果が載せられており、その結果は次に示す通りで、ともに圧倒的にヲの場合が多いことが分かる。

・庵（一九九五）＝『芥川賞全集』一〜一五（一二、一四を除く）、「天声人語」（一九八五〜一九九三）
　〜ガ〜タイ：五十二例　　〜ヲ〜タイ：千二百八十六例
・山内（一九九七）＝小説等十五冊、国語テキスト五冊、日本語テキスト二冊、新聞等
　〜ガ〜タイ：三十六例　　〜ヲ〜タイ：四百六十例

更に、ガの例が比較的多く現われる動詞についても、二つの調査でほぼ同様の結果が現われているが、山内（一九九七）の方には、個々の動詞別に使い分けの用例数を示す資料がないので、庵（一九九五a、b）の中から、ガとよく使われる動詞を示した表（元の論文では共に「表2」）を次頁に引用してみる。

この表の結果からも分かる通り、個々の動詞により、全用例数や（ガ・ヲ）両者の割合にかなりバラツキがあるので、全体を総合的に判断するのは難しいが、この表から見る限りでは、ガが比較的よ

く使われる動詞の中でも、量的な面でガの場合がヲの場合より優勢となっているのは、「食べる」と「飲む」だけとなっている。因みに、庵氏はこうした実態調査の結果などから、「現在ではヲ～シタイを無標の構文と見なすのが適当であると考えられる」と述べている。

表　ガ～シタイで使われる度数５以上の動詞

	意味分野	ガ	ヲ
する	2.34	10	69
食べる	2.33	10	7
言う	2.31	8	20
知る	2.306	6	23
飲む	2.33	5	1

二・二　最近の状況

前節で挙げた調査の資料自体がさほど古いものではなく、また、より最近の実態を示す比較的同質な書きことば資料を探すのも難しいが、今回試みに調査対象としてみたのは、国立国語研究所と科研費特定領域の共同プロジェクトである「現代日本語書き言葉均衡コーパス」のデモンストレーション版として二〇〇七年六月に公開された、「Yahoo! 知恵袋」である。これを対象とした主な理由は、次のようなものである。

・資料の時期が非常に新しいこと〔二〇〇四～二〇〇五年〕
・書きことばであること
・文脈が（短めではあるが）辿れること

ガとヲの全体の分布については、圧倒的にヲに傾いているということで、既に傾向がはっきりしていると考えられるので、ここでは、庵調査においてガと比較的よく使われるとされ、用例数も表の形で示されている動詞の場合のみについて、検索を行なってみることにした。その結果は次の表3の通りである。

先にも述べたように、個々の動詞についての全用例数に大きな差があるため全体を総合的に判断することは難しいが、程度の差はあれ、大体においてヲの方が優勢であることは変わらないと言える。その中で特に、用例数は少ないが、庵調査ではガと使われる傾向の強かった「飲む」の場合も、ある程度の出現数の中でヲの方が優勢な状況になってきており、これであと「食べる」の場合もそれに続くとすると、ヲに偏る傾向は一層進んでゆくものと考えられる(5)。

表3　「Yahoo!　知恵袋」における状況

	ガ	ヲ
する	78	253
食べる	34	22
言う	9	16
知る	88	106
飲む	3	7

二・三　日本語学習者の場合

前節と同じ様に、日本語の学習者におけるガとヲの選択の状況についても、書きことば資料を対象として調べてみることにしたい。調査対象としたのは、国立国語研究所（二〇〇一）『日本語学習者による日本語作文とその母語訳との対訳データベース』、並びに、横浜国立大学大学院教育学研究科で二〇〇〇年に作成した『日研生作文コーパス（百二名分）』である。

これについても、大勢はヲに傾いていることがはっきりしたので、実際に検索対象としたのは、庵による表と共通する、五つの動詞の場合である。なお、国研データベースでは、意見文を書くテーマとして「喫煙の規制について」の問題が出されている関係で、語彙的な面での特色として「（タバコを）吸う」という動詞が頻出しており、この語は意味・性格の点で「食べる」「飲む」と類似していると考えられるところから、参考のために、この「吸う」の場合についても検索を行なってみた。その結果は表4の通りである。

表4　日本語学習者における状況

	ガ	ヲ
する	0	25
食べる	0	3
言う	1	4
知る	1	2
飲む	0	1
吸う	*3*	*20*

「する」「吸う」を除いて、動詞ごとの用例数が五以下なので決定的なことは言いにくいが、「する」や「食べる」で象徴的に現れているように、ヲに偏っているという使用状況は顕著なものと考えられるのではなかろうか。

二・四　まとめ

以上、これまでに掲げた三つの表を参照してみると、ヲの方により偏りつつあると見られる母語話者における直近の傾向は、ある意味では学習者における現在の使用状況に近付いていると考えることも可能であろう。全ての動詞やあらゆる場合においてヲに統合してゆくかもしれないという将来の可能性も含めて、今後の動向が注目されるところである。

三　「〜ト思ウ」構文における「ダ」の脱落の〝ゆれ〟

三・一　はじめに

日本語学習者による次のような作文(6)に、皆さんはどのような印象を抱くだろうか。

・東京からちょっと離れているのに、行きたかったら行けるから便利と思う。(アメリカ、中級)
・非常に理解しやすい考え方を育てる機会があって幸いと思った。(ペルー、中級)
・将来の指導者も彼と同じ考え方だったらまあ大丈夫と思う。(香港、上級)

むろん個人差はあろうが、文末の「と思う（った)。」の前の部分に何となく違和感を覚える人が少なくないのではないかと思う。こうした、「〜と思う。」構文における引用節末尾にくるナ形容詞の「(△

「△△だと思う。／思われる。」の出現数

同じ	もっとも	確か	だめ	明らか	計
20 (0)	10 (0)	6 (0)	6 (0)	5 (0)	469（88.2%） (6)

「△△と思う。／思われる。」の出現数

同じ	もっとも	確か	だめ	明らか	計
2 (1)	1 (0)	0 (0)	0 (0)	1 (1)	63（11.8%） (14)

△）だ」の脱落(7)の問題に関して、（文法的な面からのものは別として、）言語変化の観点から注目した研究は、管見の限りではこれまでほとんどないように思われるので、それが大きな問題となるかはさて置き、これまでに行なった調査やアンケートの結果を含めて、現状の報告を行なってみることにしたい。

三・二　現在の状況

一般の母語話者による日常の状況を調べるために、今回調査対象として選んだのは、読者による新聞の投書欄である。具体的には、朝日新聞オンライン記事データベースの「聞蔵《きくぞう》」を利用して、一九九三〜二〇〇五の十三年間の『声』欄の投書を調べてみたところ、表5（1・2）に示すような結果となった(8)。

語により差はあるが（〇《ゼロ》〜一七・九%）、平均すると一割以上の場合に「だ」の脱落が見られ、こうした表現が、母語話者の場合にもある程度の割合で確かに存在することが分かった。また、使用者の位相面を見ると、年齢や性別に特に偏りのようなものは見られず、

表5−(1)　新聞・投書欄における

	必要	大切	当然	大事	重要
△△ （うち「思われる」）	179 (3)	126 (1)	55 (1)	34 (1)	28 (0)

表5−(2)　新聞・投書欄における

	必要	大切	当然	大事	重要
△△ （うち「思われる」）	38 (9)	6 (1)	12 (2)	1 (0)	2 (0)

後に挙げる例などからも分かる通り、投書としての（多分）平均的な文章（言い換えると、いわゆる「キチンとした文章」）の中に現れていることも分かった。以下にそれらの例のうち、比較的最近のものをいくつか挙げてみることにする。

・そうではないもう一つの道を自治体レベルから考え、訴えていくことも必要と思う。（二〇〇三年八月二六日、四〇歳女性）

・人名漢字の次は常用漢字もとならないことを国民は監視していくのが大事と思う。（二〇〇四年六月一九日、七三歳男性）

・安堵と開放感は自宅で面倒を見た女房も同じと思う。（二〇〇三年四月三日、六七歳男性）

また、調査の中からもう一つ興味深い傾向が見られた。それは表5の括弧内に示した数値からも分かるように、用例の絶対量は必ずしも多いわけではないが、「〜と思われる。」の場合に「だ」の脱落が顕著に見られることである。参考のために、そうした例のいくつかも、次に示してみることにしよう。

・子供に優しさをはぐくんでいくには、親の後ろ姿が大切と思われる。
（二〇〇〇年三月一七日、三八歳女性）
・地方自治体の財政健全化は、避けられない課題で、知事の決意は当然と思われる。
（二〇〇〇年二月一七日、六二歳男性）
・聞きなれない病名であるが、輸血用血液に対する事前の取り扱いに問題があったことは明らかと思われる。
（一九九六年四月一七日、六六歳男性）

そして、この傾向の当否について検証するために、アンケートによる実験を行なってみた。それは、大学でのある授業への参加者という、位相面などから見てほとんど均一の母集団を対象として、次の二つの空欄補充の問題（A／B）のうちの一つ（どちらか一方）を他の空欄補充の問題群（＝ダミー）の中に含めたアンケートに回答してもらい、その両者の記入結果を比べてみようというものである。

A　新しいビジネスで成功するためには、発想の転換が（　　　　）と思う。

B　新しいビジネスで成功するためには、発想の転換が（　　　　）と思われる。

三大学での六種類の授業への参加者、合計六一八名（女子三五四名、男子二六四名）を対象として行なったアンケートの結果は、次の表6（A・B）の通りである(9)。

アンケート（実験）の意図が分かりにくいかもしれないが、ここで問題となるのは空欄に入れられた語（自立語）そのものではない。被調査者（回答者）の一部へのフォローアップインタビューによっても確かめられたが、彼らが考えたり悩んだりしたのは空欄にどのような語（自立語）を入れればよいかについてであって、（入れた語種にもよるが、）「だ」の有無については全く意識することはな

表6–A　「……、発想の転換が（　　）と思う。」

語	〜だ	ϕ	計
必要	207	16	223
大事	8	0	8
大切	7	0	7
重要	5	1	6
不可欠	2	4	6
必須	1	0	1
鍵	1	0	1
何より	1	0	1
（小計）	232（91.7%）	21（8.3%）	253（100%）
いる（要る）		45	51
求められる		2	
必要である		2	
他（各1例）		2	

表6–B　「……、発想の転換が（　　）と思われる。」

語	〜だ	ϕ	計
必要	115	120	235
重要	10	11	21
不可欠	2	7	9
大切	3	1	4
大事	3	0	3
鍵	2	1	3
必須	0	1	1
絶対	0	1	1
ポイント	0	1	1
（小計）	135（48.6%）	143（51.4%）	278（100%）
いる（要る）		25	36
必要である		2	
他（各1例）		9	

かったとのことであった。こうした状況から見て、「だ」の有無が問題（＝ゆれの対象）となる、表中の点線（小計）より上の語群において、Aの「思う」の場合には八・三％しか脱落しないのに対し、Bの「思われる」の場合に五一・四％が脱落するというのは、非常に大きな意味を持つ数字だと言い得るように思われる。

三・三　おわりに

この種の「だ」の脱落の現象に関しては、構文との関わりなども含めてまだまだ考慮しなければならない点も多く、全て今後の課題とせざるを得ない。しかし、今も挙げたように、「思う」と「思われる」の場合でかなり異なる様相を示すという事実や、「べき（だ）」といった機能語的な語の場合にも同様の現象が見られ始めている(10)ということなどから、新しいタイプの「表現のゆれ」として更に注目してゆきたいと考える(11)。

注

（1）福島氏本人からのご教示による。また、その結果については、一九九二年二月、日本語教育学会の「日本語教育を語る会」において発表が行なわれている。

（2）止むを得ない事情で、調査場所が関西と関東で異なっているが、「～なそう／～なさそう」の使用は基本的に共通語コードでのものと考えられるので、極端な違いは出ないのではないかと予想される。ただし、野田（二〇〇三）

の調査によると、近畿の若年層では「〜なさそうだ」の方が選択されやすいという傾向が見られるとのことである。

（3）今回の調査は、調査の性格上、それぞれの語において、（「〜なそう」か「〜なさそう」の）どちらかは本来的に○になると予想されるので、平均の数値が上がったということは、（元々の○ではない）もう一方に対する「許容度」が上がったことによる結果となり、全体としては、回答者の「迷う」度合が増している様子を反映していると考えられる。

（4）表2（図3）の基となった日本語学習者のレベルについては特に調査していないが、授業で接した印象や筆記試験の結果などから判断すると、一般的に見て、「中級上〜上級上」あたりのレベルに入るのではないかと推測される。

（5）具体的なデータで示すことは難しいが、知人などからの情報も参考にすると、最近の高校生や大学生の表現から受ける印象としては、こうした傾向が更に進むのではないかと予想される。

（6）『日研生作文コーパス』（横浜国立大学大学院教育学研究科）による。これは、一九八六〜九八年度に北海道大学・岡山大学に派遣された日本語日本文化研修留学生（＝日研生）ほか百二名の作文を集めたものである。

（7）こうした現象を「脱落」と考えるか「省略」と考えるかという問題は、なかなか難しいところであるが、今はとりあえず、「脱落」と考えておくことにする。なお、この辺りの問題を文法的な面から検討している論文に、阿部（二〇〇一）がある。

（8）対象とした語は、投書における「〜と思う。」構文によく出現するナ形容詞のうち、漢語五語・和語五語の十語を選び、「△△だと思う。／思われる。」及び「△△と思う。／思われる。」を検索語としてその出現数を調べた。

（9）二種類のアンケート（Aを入れたものと、Bを入れたもの）はランダムに配って回収したため、それぞれの合計（A＝三百四、B＝三百十四）は必ずしも同数にはなっていない。

（10）注8と同様の調査を「聞蔵」を利用して行なったところ、「べき（だ）」では〇・六％（3/536）に「だ」の脱落が見られた。最近の一例を挙げておこう。

・心の柔軟な子ども時代に多くの人と会話を交わし、人と人との間で生きていく力を育むべきと思う。

（二〇〇五年三月八日、五一歳女性）

（11）現時点では、全くの〝空論〟としか言えないかもしれないが、文末に「だ」を必要としない動詞文やイ形容詞文と並ぶ形で、ナ形容詞文や名詞文の文末に「だ」を必要としない時がいつか来るとしたら、「と思う。」構文におけるこうした「だ」の脱落は、そうした動きのまさに先駆けとして位置付けられる可能性がある。

引用・参考文献

阿部二郎（二〇〇一）「「AヲBダト思ウ」と「AヲBト思ウ」」『日本語と日本文学』第三三号

庵　功雄（一九九五a）「ガ～シタイとヲ～シタイ――格標示のゆれに関する一考察――」『日本語教育』八六号

――（一九九五b）「ガ～シタイとヲ～シタイ」宮島・仁田編『日本語類義表現の文法（上）単文編』くろしお出版

国立国語研究所（二〇〇一）『日本語学習者による日本語作文とその母語訳との対訳データベース』（研究代表者：宇佐美洋）

小林賢次（二〇〇四）しらなさそうだ（北原保雄編『問題な日本語』大修館書店）

野田春美（二〇〇三）「様態の「そうだ」の否定形の選択傾向」『日本語文法』三巻二号

福島泰正（一九九七）「～なそう（だ）」「～なさそう（だ）」（日本語教育誤用例研究会『類似表現の使い分けと指導法』アルク）

山内博之（一九九七）「タイ構文におけるガとヲの選択について」『岡山大学文学部紀要』第二七号

第八章　まとめ

一・一　さまざまな〝ゆれ〟の実相

本書の第二章から第七章において具体的に検討してきた、現代日本語における広い意味でのさまざまな〝ゆれ〟の現象は、第一章の「本書の基本的な考え方」の中で示した言語変化に関する図1のモデルに当て嵌めれば、その多くが臨界期とも言えるⅡの時点か、或いはそれより幾分か右側に位置するような状況の中にあると考えられる。それは、通時的な言語変化という視点に立つと、いずれの場合も何らかの意味で合理的な方向へと変化が進むという流れの中にあるように考えられるからである。

また、これまた何度も繰り返してきたように、そうした形で日本人（母語話者）における言語変化の向かう先が、現時点での日本語学習者における実態の方に近付いていくように見える場合が少なくないのは、第一章に引用した野田尚史氏のことば（八-九頁）にもある通り、現時点では一般に「誤用」とされる学習者たちの表現の方が、別の見方からすると、より理に叶った必然性のある表現になっているというケースが多いからである。

少しくどくなるかもしれないが、第七章の一で考察した様態の否定「～なそう／～なさそう」の〝ゆれ〟の問題で説明すれば、

形容詞「ない（無い）」　⇓　「なさそう」

助動詞「〜ない」（「知らない」）⇒　〝ゆれ〟
形容詞「あぶな・い」　⇒　「なそう」
〔形容詞「はげし・い」　⇒　「（し）そう」〕

という現在の体系は、（様態の助動詞「そうだ」が接続する）前の部分の持つ働きや意味といった内容的な面を基準とすれば、確かに「〜なそう／〜なさそう」の使い分けの説明がはっきりと付くわけだが、そうした内容的な面での基準の実質が簡単に理解できない場合には、類似した状況の中で二つの表現形のうちのどちらかを選択しなければならないという点で、迷いや混乱を引き起こす、単に〝迷惑なもの〟にしかすぎなくなる。

一方、より単純かつ明示的である形態的な面を基準として、語末部分が「〜ない」という同一（共通）の形をしている場合は、

形容詞「ない（無い）」
助動詞「〜ない」（「知らない」）　⇒「なさそう」
形容詞「あぶな・い」

という風に、常に「なさそう」の形を取ると考える方が、その点では分かりやすく、また合理的であ

るとも言えるのである。

一・二　より合理的で自然なルール

そもそも、本書で対象としたような、主に文法的な面で〝ゆれ〟の見られる現象の多くは、今「～なそう／～なさそう」の場合で見たように、それぞれの置かれた状況（語・文脈など）の働きや意味といった、内容的な面での基準が元になって使い分けが行われているケースがほとんどである（第一章の一・四で挙げた「ラ抜き」や「サ入れ」の場合は、《活用の種類の違い》が基準となる）。しかしそうした内容的な面での基準が、簡単には分かりにくいものであったり、時間の経過によって理解しにくいものになったりしている場合には、表向き単純明快な形態的な面を基準としたり、場合によっては、使い分けそのものがなくなっている方が、ある意味で「合理的」であると考えられるのである。

学習者の場合は当然のことに、学習中の段階において内容面での基準を理解することは大抵の場合不可能に近いので、より理解しやすい形態面などの明示的な要素が基準になれば、理解は比較的容易になると考えられる。そして母語話者の場合でも、内容的な面での基準が複雑だったり分かりにくかったりする場合には、特に子供や若者などにとっては、より明示的で無理のない（合理的な）基準の方を、時の経過の中で自然に採用するケースが多くなるものと考えられる。

近年よく問題にされる日本語の「誤用」や「乱れ」の多くは、以上述べてきたような面から見ると、何らかの「合理的」な方向への言語変化である場合が少なくないと考えられる。国語教育や日本語教育の場面で考えてみると、内容的な面での基準というものこそは重要な教授項目であり、学習者に対して教師が教師たり得る重要な要素とも言えるのであるが、一方学習者の立場に立ってみると、それらは往々にして理解しにくく難しい説明を必要とする項目であり、それに比べると「誤用」や「乱れ」とされる形式の方が、紛れのない分かり易い形式で、ある意味で〝自然な〟形式と考えられる場合が少なくないのである。一般に「誤用」や「乱れ」とされる表現の多くが、識者やマスコミなどの間で評判が悪いのに対して、若者などを中心として、実際の場面の中でいつの間にか世間一般に広がってゆき、何となく認知されていってしまうという場合が少なくないのは、こうした理由によると思われる。(例えば、いわゆる「サ入れ」の表現などは、現在、年齢を問わず、公的な性格が強い場面であればあるほど、却って広がってゆくという状況にある。)

一・三　将来の日本語の姿

ただし、だからと言って、将来の日本語が文法的な面を中心とする多くの点で、必ず合理的な方向に進んでゆくかというと、筆者は必ずしもその考えに与することはできない。確かに、これまで対象にしてきたようないくつかの表現においては、より〝自然な〟合理的な方向に向かっているケースも多いが、日本語が日本語として成立している限り、例えば第五章の「ナル的表現」で検討してきたような、日本人や日本語そのものの特性に由来する多くの表現も、当然のこととして存続し続けることだろう。また、第六章では、単なる一つの語としてのレベルではなく、語法や語のグループ（複合動詞）の面から、現代の新しい動きの一端を紹介したが、そこでも述べたように、コンピューターやＩＴ産業などの発展を契機として、社会環境から人間関係までもが急速かつ劇的に変貌しつつあると見られる社会では、そうした社会システムの変化に対応した、更に新しい語法や表現などが生まれてくる可能性も強いと考えられ、そこには新しい形の「ゆれ」も発生してくることだろう。確かに、それが現在の体系の中のどのような面にどのような形で生まれてくるかを推測するのは難しい。しかし、古代から現在まで、「変化しつつ続いてゆく」という形で連綿と生き続けてきた日本語の歴史を考えると、将来においてもまた同様の変遷を続けてゆくというのが、やはり自然なことばの有り様ではないかと思われるのである。

一・四　終わりに

最後に、話が急に飛んでしまって驚かれるかもしれないが、今から二十年近く前、「逆引き辞典」が一種のブームになった時のことを思い出す。日本語の辞書の歴史を考えてみると、古くはイロハ順のものが多く、近代以降は次第にアイウエオ順に変わってゆくのだが、それらはいずれにしても、それぞれの語の頭（初め）の部分から音（あるいは字）を辿ってことばの特定を行なう方法であった。

ところが「逆引き辞典」の場合は言うまでもなく、語の末尾（終り）の部分から遡る形で音（あるいは字）を辿る必要があり、慣れないうちは、どのようにすれば目的の語に辿り着けるのか、しばし思い悩んだこともある。また、その辞書を適当に繰っているうちに、「グランプリ」と「知らんぷり」がすぐ隣にあることや、その近くに「本降り」や「丼（どんぶり）」が位置することも、その意味合いは別として、新鮮な驚きであった。日本語の学習者や若者たちが(多分)無意識のうちに作り出す「誤用」を見ていると、往々にして、この「逆引き辞典」に初めて接した時の驚きのようなものを感じることがある。それは、例えば語のレベルで言うと、それまで自分自身の感覚の中では全く異質で、何の関係もなく存在していた二つの語が、彼らの発話や文章の中で、いわば隣り合ったような形で存在していることを知った時である。学習者や若者たちの頭の中に、(無意識のうちではあっても）確かに存在しているであろう筈の、二つの語を結ぶ何らかの脈絡を意識化することができるとすれば、これまでの一般的な（母語話者の）日本語のルールとは異なるかもしれない、将来の日本語のルールや姿の一端を感じ取ることが可能になるのかもしれない。

あとがき

二〇〇八年の今から振り返ってみると、〝二（ふた）昔〟前の一九八八年に、日本語に関することで、今ではまるで存在しなかったものと言っても過言ではない状況にある「簡約日本語」が、当時、国立国語研究所の所長であった故・野元菊雄氏によって提唱された。日本人でさえまごつく文法上の決まりごとやことば・文字を、初めて学ぶ人の身になって見直し、思い切って簡単にしようとする試みで、それに関する全国紙の新聞記事が掲載されるとかなりの反響を呼び、投書欄や論壇・社説などに賛否両論があふれた。

どんなものだったかを思い出していただく意味で、新聞にも掲載された「例」の部分を採録してみよう。

●『北風と太陽』の場合（いずれも野元菊雄氏の訳）

〈通常の日本語〉

まず北風が強く吹き始めた。しかし北風は強く吹けば吹くほど、旅人はマントにくるまるのだった。遂（つい）に北風は、彼からマントを脱がせるのをあきらめた。

〈簡約日本語〉

まず北の風が強く吹き始めました。しかし北の風が強く吹きますと吹きますほど、旅行をします人は、上に着ますものを強く体につけました。とうとう北の風は彼から上に着ますものを脱ぎさせますことをやめませんとなりませんでした。

「賛否」の一々について触れることは省略するが、結果を総合的に見ると、「簡約日本語」の評判はすこぶる悪かったと言え、時間の経過とともに急速に言及されることが少なくなり、先ほども書いた通り、今ではあたかも「存在しなかったもの」であるかのように、ほとんど忘れ去られていると言っても過言ではない状況にある。

本書で扱ったような言語現象を通して振り返ってみると、この「簡約日本語」の考え方は、その発想自体としては必ずしも間違っていなかったのではないかと思われる。ただし、時間的に見て、あまりに時代を先取りしようとしてしまったこと、また、具体的な内容において、かなり過激に単純化あるいは分析化を進めようとしたこと、更に、それを、どちらかというと〝上〟の方向から押し広めようとしたことといった点で、多分に無理があったことは否定できないところではないだろうか。

一般に、言語や社会などの変化を研究対象とした場合に言える重要なことは、変化した部分や内容に関して、後から（後付け的に）説明を加えてゆくことはさほど難しくはないが、だからと言って、将来の展開に関して、この点が変化しそうだとか、次はこういう形に変わってゆくのではないかなどと予想することは、（予想すること自体は自由だとしても）それが的中してその通りになるということは、ほとんど期待できない難しいことだということである。本書の内容に関わる分野でも、日本語のコレコレの部分は体系として見て不合理だということを指摘することは必ずしも難しいこととは言えないが、では、その部分が合理的な方向に変化してゆくかどうか、そして、（変化するとして）いつごろどのような方向に変化してゆくのかといった問題は、やはり我々には簡単には予想し得ない領域であるように思われる。

この「あとがき」の次に掲げる「初出一覧」を参照していただければ明らかな通り、本書に再録した論文のうちの多くは、学会誌や専門雑誌の「研究ノート」などに掲載されたものである。レフェリー付き雑誌に投稿する中で、むろん「ボツ」になったケースも稀ではないし、仮に掲載されることになった場合でも、ほとんどのケースに共通する査読者のコメントは、「発想は面白いが、論証の部分に甘さや粗さが目立つ」というもので、大幅な修正を必要とする場合も多かった。私自身の至らなさや力不足のせいもあろうが、将来に亘る長いスパンでの言語変化に言及するような論文の場合、この「論証の甘さや粗さ」といった評価に繋がりやすい〝危うさ〟は、どうしても避けて通れない問題だったように思う。

そのようにして、「蟷螂の斧」にも似た、目標の定まらない試みを繰り返していた私にとって、本書のような形で著作をまとめようとする上で大きな力となったのは、畏友である山内博之氏の次のことばであった。

「単著の研究書」も、確かにめったに出るものではありませんが、「研究ノート的なものをまとめ

> た研究書」というのは、本当に珍しいだろうと思います。豊富なひらめきと最低限の論証、というような感じでしょうか。もちろん、疑いを持たれるほど少なくなってしまうのは問題ですが、「納得できる」範囲内であるなら、論証は少なければ少ないほどいいのかもしれません。

このことばを聞いた時、私は初めて、「研究ノート的なものをまとめた研究書」というものがあっても良いのだという考えに気付き、その実現に向かって前向きに挑戦してみようと思い定めるようになった。また、これまでの日本語史の流れを踏まえつつ、現在の状況や兆しから将来の言語変化を見通してみようとする本書の狙いも、山内氏との度々の〝雑談〟の中から生まれた賜物である。

一方、「現在」という時を生きる我々の目の前に見え隠れしながら、いつの間にか広がりつつある「言語変化のタネ」という興味深い素材を、なるべく生きた形で多くの読者の方々に実感してほしいという私の姿勢は、翻って考えてみると、恩師である真田信治先生から間接的に教えられたことである。真田先生は、そのことをはっきりしたことばで表現なさったことはないように思うが、ご自身の著作や研究から、アンケートやインタビューやデータ収集などの調査を通して、社会の実態やその背景にあるものを描き出すという面白さを教えて下さったのである。そしてそうした思いを力に、私自身は、テーマにおいても方法論においても、これまでほとんど前例のない分野に挑み続けてきたように感じられる。

他にも、機械類に疎く、未だに図表も満足に作成できない私の力となって、手描きの味わいを残す多くの図表を作成してくれた橋本直幸氏を初め、アンケート調査や資料の収集などの場面においてお世話になった方々は本当に数多いが、ここでお一人お一人のお名前を挙げることは、差し控えさせていただく。ただし、これまでも述べてきた通り、個々の論文に〝危うい〟部分も多く含み、あまり前例のないタイプの研究と考えられる試みの数々を、一本に纏めるという勇気ある決断をして下さったひつじ書房房主の松本功氏には、ここに改めて深甚なる感謝を捧げたいと思う。また、私の我儘な要求に対し、常に誠実且つ辛抱強く応えて下さった当初の担当者である吉峰晃一朗氏にも心からの御礼を申し上げる。更に、これまでの断片的とも言える著作を一本に纏めるという方向を考える上では、妻である金澤美帆の助言も大きな力となったものである。

最後に、本書を構成する各部分を執筆していたのとほぼ同時期に出版され続け、研究面での励みともなった塩野七生著『ローマ人の物語』の中から一節を掲げて、結びに代えたい。塩野氏にとっての「所行《ジェスト》」は、私にとっての「ことば（＝日本語）」である。

この連作の表題のラテン語訳には、ジェスタエという言葉を使った。RES GESTAE POPULI ROMANIとは、直訳すれば、「ローマ人の諸々《もろもろ》の所行《ジェスト》」である。いかなる思想でもいかなる倫理道徳でも裁くことなしに、無常であることを運命づけられた人間の所行を追っていきたいのだ。

（『ローマ人の物語Ⅱ　ハンニバル戦記』より〈一部省略〉）

二〇〇八年初春　　金澤裕之

初出一覧

第一章　本書の基本的な考え方
◇書き下ろし

第二章　一「助動詞「ない」の連用中止法について」
国立国語研究所編『日本語科学』1〈研究ノート〉国書刊行会　一九九七年四月
「言語変化への一視点」※第二節の一部
真田信治監修　中井他編『日本のフィールド言語学』桂書房　二〇〇六年五月
二「超上級学習者の隠れた文法判断能力」
『日本語教育』一〇四号　日本語教育学会　二〇〇〇年三月
三「なかった」新考
『国語学』第一九六集　国語学会（現・日本語学会）一九九九年三月

第三章　一「丁寧表現の現在」
◇書き下ろし
二「自然習得者の丁寧表現について」
『月刊言語』第三六巻第三号　大修館書店　二〇〇七年三月

三「近代語——話しことばにおける文の内部の丁寧さ」
『国文学　解釈と教材の研究』第五〇巻第五号　學燈社　二〇〇五年五月

第四章

一「やる」と「あげる」
◇書き下ろし

二「「～てくださる」と「～ていただく」について」
『日本語の研究』第三巻二号〈研究ノート〉日本語学会　二〇〇七年四月

第五章

一「スル的な表現」と「ナル的な表現」
◇書き下ろし

二「日本語教育における「～と」接続文の位置付けについて」
『日本學報』第五四輯　韓國日本學會　二〇〇三年三月

三「接続詞「そして」について」
『横浜国大国語研究』第二五号　二〇〇七年三月

第六章

一「「～的」の新用法について」
国立国語研究所編『日本語科学』17〈研究ノート〉国書刊行会　二〇〇五年四月

二「新しいタイプの複合動詞」
◇書き下ろし

第七章　一「様態の否定「～なそう／～なさそう」の〝ゆれ〟」
◇書き下ろし
二「タイ構文における「～ガ／～ヲ」の〝ゆれ〟」
◇書き下ろし
三「「～ト思ウ」構文における「ダ」の脱落の〝ゆれ〟」
「言語変化への一視点」（同右）※第二節の一部
第八章　まとめ
◇書き下ろし
〔参考〕「誤用分析研究の可能性」『横浜国大国語研究』第二四号　二〇〇六年三月

【著者紹介】

金澤裕之（かなざわ ひろゆき）

〈略歴〉 1952年、長野県生まれ。大阪大学大学院博士後期課程修了。岡山大学文学部助教授を経て、現在、横浜国立大学教育人間科学部教授。博士（文学）。
〈主な著書・論文〉『近代大阪語変遷の研究』（和泉書院、1998）、『二十世紀初頭大阪口語の実態』（科研費報告書、1991）、『明治時代の上方語におけるテンス・アスペクト形式』（科研費報告書、1999）、『日本語のとりたて』（くろしお出版、2003〈分担執筆〉）、「漫才の言語特徴」（『言語』34－1、2005）、『関西方言の広がりとコミュニケーションの行方』（和泉書院、2005〈分担執筆〉）。

留学生の日本語は、未来の日本語
日本語の変化のダイナミズム

発行　2008年9月25日　初版1刷
定価　2800円＋税
著者　© 金澤 裕之
発行者　松本 功
印刷所　三美印刷株式会社
製本所　田中製本印刷株式会社
発行所　株式会社ひつじ書房
〒112-0011 東京都文京区千石2-1-2　大和ビル2F
Tel.03-5319-4916　Fax.03-5319-4917
郵便振替 00120-8-142852
toiawase@hituzi.co.jp　http://www.hituzi.co.jp

ISBN978-4-89476-413-2　C3080